GEORGES BEMBERG

UN COLLECTIONNEUR
À LA CROISÉE DES ARTS

En couverture : Georges Bemberg,
© Gwendoline Bemberg.

10, rue des Arts, BP 38028
31080 Toulouse Cedex 6
ISBN : 978-2-7089-4019-2
Dépôt légal : octobre 2023

Anne
Sauvageot

GEORGES BEMBERG

UN COLLECTIONNEUR À LA CROISÉE DES ARTS

Privat

Tout homme, toute femme qui assigne une fin à l'amour, n'aime pas. Tout être humain ou animal qui fixe un but à l'amour, n'aime pas. Qui impose un contenu, n'aime pas. Qui rêve un foyer, une maison, un enfant, de l'or, une récompense, n'aime pas. Qui court après la réputation, l'ascendant social, le cheval, la voiture, l'honneur, n'aime pas...

Pascal Quignard

Introduction

Profondément cosmopolite tout en demeurant très attaché à l'Argentine, son pays natal, Georges Bemberg a cultivé tout au long de sa vie l'art dans toutes ses variantes. Grand lecteur depuis son plus jeune âge, il choisit d'étudier à Harvard la littérature comparée en même temps qu'il suit les cours de composition musicale sous la direction de Nadia Boulanger et hésite à en faire sa vocation. C'est néanmoins son goût pour l'écriture qui le retient et il fréquente à ce titre les cercles littéraires argentins, français et anglo-saxons, défricheurs de mouvements précurseurs. La fameuse revue *Sur* que dirige Victoria Ocampo, *Les Cahiers de la Licorne* créés par Susana Soca, *Le Nouveau Commerce*, accueilleront certains de ses essais, aux côtés de Jean Paulhan, Julien Gracq, André Pieyre de Mandiargues... C'est pour Georges Bemberg l'occasion de rencontrer de nombreux auteurs, dont certains deviendront ses amis proches – Roger Caillois, Denis de Rougemont, Saint-John Perse, Jorge Luis Borges...

Ses nouvelles, d'une grande poésie, permettent de découvrir un fort attrait pour la solitude qui l'éloigne des faux-semblants mondains. Tantôt l'emporte la nostalgie pour le Sud, les vastes étendues du río de la Plata, l'hybridation des eaux fluviales et maritimes, aux bordures desquelles, enfant, il allait visiter les oiseaux. Ou encore l'obsession qui lui revient de la pampa et les chevauchées de Monsalvo à la poursuite du bétail. Tantôt, au contraire, c'est l'arrivée à New York, dont il célèbre la fête et les promesses de liberté. *Ici, là-bas et ailleurs* est une succession de départs, le plus souvent au pied levé, avec son lot d'impatience alors même que le désir d'un retour se fait déjà ressentir. Chaque année ne saurait être sans un séjour familial argentin, un séjour hivernal à New York, dont il aime le froid glacial, un moment sédentaire à Paris, dont il fait dans les années 1980 sa demeure principale, et une halte estivale à Venise, dont il fait un rituel.

Ses écrits nous disent sa manière d'habiter le monde, les grands espaces de l'Ancien Monde comme l'urbanité new-yorkaise ou parisienne. Ils nous disent ses réflexions sur le grand écart entre ce qu'il nomme le Sud de son enfance, l'Amérique qu'il découvre à 18 ans et l'Europe, ce que font ces terres et ces villes sur ceux qui les habitent, ce que livrent leurs langues dont il discerne les talents. Fin observateur, il met en relief, à la façon d'un anthropologue, les manières d'habiter, de travailler, de jouer et d'aimer dans ces contrées aux cultures si dissemblables. Il décrit, de manière elliptique mais perspicace, ceux qu'il côtoie, le plus souvent avec respect et amitié, quelques fois avec un brin d'humour un tantinet critique. Mais il y a un point commun à tous ses écrits : dans nul d'entre eux il ne se livre, il n'est guère question de lui-même. Et même si le *Journal atlantique. 1959-1999* nous renseigne sur les lieux qu'il visite et les personnes qu'il rencontre, son intimité n'est jamais dévoilée. On ne peut que tenter de la deviner à travers les lectures auxquelles il s'adonne, à travers sa prose et les compositeurs qu'il admire et dont il écoute au quotidien les morceaux préférés, à travers ses amitiés. Mais surtout ce sont ses affinités pour les œuvres d'art qu'il commence à collectionner dès ses premières années à New York qui sont les meilleurs témoignages de sa personnalité.

Sa collection d'art constituée sur plus de soixante ans est révélatrice de ses goûts et de sa sensibilité. Ses acquisitions ne suggèrent aucunement une quelconque ambition d'enrichissement propre au monde de l'art actuel, pas plus qu'elle ne laisse transparaître une construction logique et encore moins des élans compulsifs. Elles sont le fruit d'une adhésion profonde à ce qui, pour lui, correspond à la beauté. Ses choix répondent à la séduction qu'ont exercée sur lui les quelque mille pièces qui constituent sa collection, qu'il s'agisse des nombreux bronzes de la Renaissance ou des multiples tableaux du XVIe siècle jusqu'à l'époque moderne avec les impressionnistes, les nabis et les fauves. Comme pour ses lectures et ses goûts musicaux, ses choix sont extrêmement éclectiques, indépendamment des modes et des cotes passagères. Lorsque dans les années 1980 il commence à se préoccuper d'un lieu pour abriter sa collection et l'ouvrir au public, son choix, après de multiples explorations aux États-Unis comme en France, se porte sur l'hôtel d'Assézat, construit dans la seconde moitié du XVIe siècle, dont il fut subjugué par la splendeur. C'est donc en ce lieu au cœur de Toulouse que sera créée la Fondation qui porte son nom et dont il souhaite faire un musée ouvert à tous.

Lors de son inauguration en 1995, Georges Bemberg va sur ses 80 ans. C'est un vieux monsieur d'une grande courtoisie qui est demeuré toute sa vie très secret. Même ses proches, notamment son frère, avec qui il était si lié, ne pouvaient se douter de l'ampleur de sa collection. Toujours si réservé, sans doute d'une grande timidité, il écoutait davantage qu'il ne se livrait lui-même et préservait rigoureusement son indépendance. Cette biographie est donc une gageure en ce sens qu'elle tente de retracer des moments de vie anciens, dont certains datent du début du siècle dernier, dispersés en de multiples lieux géographiques. Elle n'eut pas été possible sans les témoignages de ceux et celles qui l'ont côtoyé plusieurs années durant, soit du fait de leur lien familial, soit dans le contexte des tâches que nécessitaient les activités de la Fondation. Jean de Yturbe est incontestablement, à double titre, l'une des personnes à même d'éclairer la personnalité exceptionnelle de Georges Bemberg, d'une part parce qu'il a épousé l'une de ses nièces (et filleule), la fille de son frère Édouard, d'autre part parce qu'il est le vice-président du conseil d'administration de la Fondation. De même, Philippe Cros, qui a dirigé celle-ci de sa création en 1994 jusqu'en 2020, a eu la chance de nouer une profonde amitié avec lui, sans que jamais elle ne transgresse les vouvoiements. Leur rencontre en 1994, alors que Philippe Cros sortait de l'École du Louvre, ne pouvait se faire que sous les meilleurs auspices, tant ils partageaient d'affinités, ne serait-ce que leur amour pour les bronzes de la Renaissance. Philippe Cros a eu la chance de l'accompagner à différentes reprises en Argentine comme à New York, de même qu'il le retrouvait régulièrement dans son appartement parisien, rue du Dragon. À partir de la création de la Fondation, c'est le plus souvent ensemble qu'ils se rendaient dans les salles de vente. Cet essai biographique est donc un défi qui n'aurait pu voir le jour sans les nombreuses conversations avec ces personnalités auxquelles il convient d'ajouter Fabrice Goguel et Dominique Baumgartner, qui ont également amplement contribué à la création et à la réputation de la Fondation dans la plus cordiale entente avec le grand collectionneur.

L'ambition n'est pas de forcer l'intimité d'un homme qui toute sa vie a tenté de la protéger, tant par une grande modestie que pour ne pas succomber aux illusions qu'impliquent les effets médiatiques dont il était si critique. L'intérêt de cette tentative tient principalement à la question que ne manque pas de se poser les quelques milliers de visiteurs annuels de la Fondation : Qui était monsieur Georges Bemberg ? La réponse, si elle doit se restreindre à quelques mots, peut être celle-ci : Georges Bemberg était un homme d'une grande érudition et discrétion, qui s'est adonné toute sa vie à l'amour des arts, sans vanité ni ostentation.

Les destinées de la famille Bemberg

Le récit débute par un fait apparemment anodin. Alors qu'il était âgé d'une vingtaine d'années, le jeune Otto Peter Friedrich Bemberg, parce qu'il souffrait des bronches, fut envoyé en Argentine par ses parents, riches négociants du textile à Cologne. Non seulement Buenos Aires bénéficiait d'un climat plus clément, mais la ville abritait déjà une importante colonie allemande. Par son entremise, le jeune homme, qui n'est autre que l'arrière-grand-père de Georges Bemberg, est introduit dans la bonne société argentine, libérale et proeuropéenne[1]. Et de fait, dès 1853, il épouse María Luisa Ocampo, née de l'une des plus puissantes familles argentines, qui brille tout autant par sa culture francophile que par sa richesse – immenses *estancias*, construction de ponts et de routes... – et par sa proximité avec les milieux politiques. Le jeune couple, après un bref retour en Allemagne où naît Rosa, l'aînée de la famille, s'établit à Buenos Aires et s'investit dans les affaires.

1. *Cf.* l'article de Tristan Gaston-Breton, « Buenos Aires, au temps de la "fièvre argentine" », *Les Échos*, juillet 2013.

Grâce à l'aide de sa belle-famille et à l'argent des Bemberg de Cologne, Otto Peter Friedrich se lance dans l'importation de tissus et l'exportation de céréales vers l'Europe.

Otto Peter Friedrich Bemberg, *el Quilmero* (1827-1895)

Dans un premier temps, Otto Peter Bemberg investit donc dans la terre, créant des colonies agricoles dans la province de Santa Fe, cette pampa reconnue pour sa fertilité. Mais c'est surtout la bière qui va faire sa fortune sur plusieurs générations. Il nourrit en effet le projet d'ouvrir en Argentine une grande brasserie à même d'alimenter en bière tout le marché national, plein d'avenir tant les Argentins en sont amateurs. Le projet va pouvoir se réaliser d'autant plus vite que la famille s'est agrandie et qu'il va ainsi pouvoir s'appuyer sur son fils aîné, Otto Sebastian, né en 1857, le grand-père de Georges Bemberg. Le jeune homme a pour mission d'étudier à Louvain puis à Munich les techniques de fabrication de la bière.

Dès lors, le père et le fils vont faire construire à Quilmes, dans la banlieue est de Buenos Aires, « une brasserie ultramoderne doublée d'une malterie s'étendant sur près de treize hectares. La brasserie, raccordée au réseau électrique et équipée en matériel acheté majoritairement en Allemagne, produit une bière réputée pour sa qualité[2] ». En 1890, la bière Quilmes est née et est distribuée dans

2. *Ibid.*

tout le pays. Elle deviendra jusqu'à nos jours l'une des plus réputées et des plus consommées en Argentine, et ce malgré les revers de fortune qu'imposa l'arrivée au pouvoir de Juan Perón (1946-1955), qui s'empressera de confisquer les biens de la famille Bemberg. L'État retire en 1948 la personnalité juridique à trente-trois entreprises qu'elle détenait, dont la brasserie Quilmes. Après de nombreux intermèdes, ce n'est qu'en 1958, à la suite du coup d'État qui renverse Perón (1955), que la brasserie Quilmes sera restituée à ses propriétaires. Elle est devenue depuis un symbole national et représente 75 % de la part du marché de la bière en Argentine[3].

La destinée d'*el Quilmero* ne saurait cependant se réduire à ses activités commerciales florissantes. Otto Peter Friedrich Bemberg et son épouse María Luisa font aussi partie d'une élite cosmopolite culturelle. En réalité, le couple partage sa vie entre Buenos Aires et Paris, où a été acquis un hôtel particulier dans le IXe arrondissement, alors l'un des plus chics de la capitale. C'est de là qu'Otto Peter Bemberg gère l'essentiel de ses affaires en même temps qu'il assure son rôle de consul de Paris (1860 et 1867). Leur plus jeune fils Hermann y naît en 1859 et poursuivra ses études au conservatoire de musique de Paris sous la direction de Jules Massenet. Il deviendra lui-même un compositeur largement reconnu.

3. La famille Bemberg a vendu récemment ses dernières parts au géant de la bière AmBeer.

Otto Sebastian Bemberg, le grand-père (1857-1932)

La théorie de la reproduction sociale, introduite par Pierre Bourdieu, se vérifie parfaitement avec la famille Bemberg. Les membres de cette seconde génération reconduisent le mode de vie de leurs parents. Otto Sebastian Bemberg, on vient de le voir, a été très tôt initié à la gestion des entreprises familiales, mais ce serait regrettable de ne pas mentionner aussi son activité de mécène, qu'il a exercée dans les dernières années de sa vie.

Il est marié avec Josefina Erlontondo, et le couple adopte ce même partage entre Buenos Aires et Paris. Naîtront successivement en 1885, 1887 et 1991 trois garçons : Frédéric, Otto Eduardo (le père de Georges) et Luis, qui se consacreront à la gestion des affaires familiales. Puis naît en 1892 Jorge qui, quant à lui, se détournera des affaires pour prendre des cours de peinture avec Pablo Picasso, et enfin en 1896 une petite Rosita.

Outre le suivi des biens familiaux, Otto Sebastian Bemberg va être sollicité pour apporter son aide financière et politique au projet de la création d'une Maison de l'Argentine à la Cité internationale universitaire de Paris. À la suite de nombreux échanges universitaires entre Paris et Buenos Aires naît le double projet de la création en 1922 de l'Institut de l'Université de Paris à Buenos Aires et réciproquement, en 1924, celle d'un Institut de l'Université de Buenos Aires à Paris. Ce sont les prémices d'un projet plus vaste impliquant les deux pays, à savoir la création de la Maison de l'Argentine dans la Cité universitaire internationale, boulevard Jourdan à Paris. Otto Sebastian Bemberg accepte très vite de prendre entièrement à sa charge la construction de cet immense pavillon, pour un montant de 1 million de francs. Cette somme sera augmentée d'un montant de 250 000 francs promis par plusieurs membres de la colonie française de Paris[4]. Otto Sebastian Bemberg fait appel pour le suivi du projet à l'un de ses fils, Luis[5] – l'un des oncles donc de Georges Bemberg. Le projet est attribué aux architectes français René Bétourné et Léon Fagnen, qui dotent le pavillon du style des grandes *estancias* du río de la Plata, selon le modèle européen prépondérant dans toute l'Amérique du Sud de la fin du XIXe siècle : arcades en plein cintre au rez-de-chaussée, auvent qui protège la porte d'entrée à colonnes... Six caisses de plantes (yuccas, jacarandas, podocarpus...) choisies par l'architecte paysagiste argentin Marin Jacobé sont expédiées par valise diplomatique mais n'arriveront pas en très bon état...

L'inauguration a lieu le 27 juin 1928 en présence du président de la République Gaston Doumergue, de l'ambassadeur d'Argentine Álvarez de Toledo, des Bemberg, père et fils, de Sébastien Charléty, recteur de l'académie de Paris, et d'André Honnorat. La présence de ces personnalités publiques si honorables fait de ce moment un

4. *Cf.* http://inventaire.iledefrance.fr

5. *Ibid.*, Luis Bemberg était chargé d'affaires à la république (légation) argentine à Paris.

événement important quant aux relations diplomatiques entre la France et l'Argentine.

En mai 1968, alors que les mobilisations étudiantes et ouvrières se renforcent, un groupe d'artistes argentins résidant à Paris occupe la Maison de l'Argentine, encouragé par Julio Cortázar, exilé en France. Parmi eux figurent Julio Le Parc, Hugo Demarco et Antonio Seguí, entre autres. Il s'agissait en occupant le pavillon de défier la dictature de la junte militaire dirigée par Juan Carlos Onganía (1966-1970)[6].

Otto Eduardo Bemberg (1887-1984) et Sofia Elena Bengolea (1890-1984), les parents de Georges Bemberg

Même scénario... Otto Eduardo Bemberg[7] épouse en novembre 1913 une jeune fille issue elle aussi de l'une des grandes familles argentines, Sofía Elena Bengolea. Ils demeureront également alternativement à Buenos Aires et Paris, avenue Mozart dans le XVIe arrondissement. De ce couple naîtront deux garçons et trois filles : en 1915 Georges, l'aîné, suivi de son frère Eduardo Pedro en 1918, avec qui l'entente sera parfaite tout au long de leur existence. Naîtront ensuite trois filles : Josefina Elena en 1920, María Luisa en 1922 et enfin María Magdalena en 1925,

---

6. *Cf.* Nino Lima, « Petite histoire de la Maison de l'Argentine », http://chs-maijuin68.huma-num.fr

7. Otto Eduardo Bemberg, lorsqu'il est question de lui entre les membres de sa famille actuelle, est désigné par le seul prénom Otto.

avec pour chacune d'entre elles des personnalités et des destinées fort différentes.

Dans les écrits de Georges Bemberg, il n'est pratiquement jamais fait allusion à la vie de la famille, si ce n'est à l'occasion d'une note dans le *Journal atlantique. 1959-1999*, qui mentionne le décès de son frère Eduardo dont il ne dit que quelques mots : « [...] ne pas en rajouter, simplifier ; être vrai dans le malheur[8] ». Pudeur et réserve, si présentes dans la personnalité de Georges Bemberg, alors même que l'affection entre eux était infaillible. Frères et amis.

De même, il ne sera jamais question de ses trois sœurs alors même que l'une d'entre elles est devenue une personnalité reconnue en Argentine. Il s'agit de María Luisa, avec qui, en réalité, il nourrissait une grande complicité. Celle-ci, dans un premier temps, poursuit le schéma familial : elle épouse très jeune Carlos Miguens et part vivre en Espagne avec son mari dont elle aura quatre enfants avant de revenir à Buenos Aires. Comme ses frères et sœurs, elle a reçu une éducation religieuse très stricte (d'autant plus exigeante vis-à-vis des filles) dont elle cherche peu à peu à se libérer. N'ayant guère eu accès aux études supérieures réservées aux fils, elle nourrit un sentiment de rébellion qui la conduit à reprendre, après son divorce, des études à la Columbia University. En 1970, elle débute à Buenos Aires une carrière de scénariste en écrivant une semi-autobiographie, qu'elle intitule *Crónica de una*

8. Georges Bemberg, *Journal atlantique. 1959-1999*, Éditions Italiques, 2010, p. 111.

señora (*Chronique d'une femme*), en 1971[9]. Elle fonde avec d'autres femmes l'Union féministe argentine et réalise son premier documentaire, *El Mundo de la mujer*, qu'elle finance elle-même. Pour se libérer de toute contrainte, elle se lance en effet dans la production après avoir suivi un séminaire à New York au Lee Strasberg Theater and Film Institute. Suivront plusieurs films qui marqueront de son nom l'histoire du cinéma argentin : *Camila* (1984), *Miss Mary* avec Julie Christie qui interprète avec beaucoup d'humour la nurse de la famille (1986), *Moi, la pire de toutes* (1990) et *De eso no se habla* (*On n'en parle pas*, 1993), avec dans le premier rôle Marcello Mastroianni. Ce film, dont le succès est retentissant, décrit les affres de la passion d'un riche célibataire pour une petite fille naine, jolie et intelligente que sa mère surprotège. Couronnée de nombreux prix, María Luisa était résolument moderne à l'encontre de la réponse cynique qu'elle avait apportée à sa cousine Victoria Ocampo lors d'un sondage pour la revue *Sur* en 1970 : « J'ai été élevée pour être exclusivement une épouse et une mère[10]. » Georges Bemberg et María Luisa aimaient se retrouver dès lors qu'ils en avaient l'occasion, à condition que sa sœur ne l'entreprenne pas trop ardemment sur ses convictions féministes... Mais il prenait aussi grand plaisir à la taquiner à ce sujet. Lorsqu'elle s'était réjouie en apprenant que

9. *Cf.* première.fr

10. « À l'occasion du centenaire de María Luisa Bemberg, un documentaire émouvant lui rend hommage », 14 avril 2022, http://news.dayfr.com

le pape élevait les femmes à l'acolytat, il lui avait dit : « Ce n'est qu'un début, tu finiras par dire la messe[1] ! »

Georges Bemberg s'entendait également merveilleusement bien avec Josefina (dite « Fina »), d'une grande distinction, en même temps que très originale et très drôle. En revanche, il n'était que rarement question de Magdalena, mais sans doute était-ce dû à leur différence d'âge. Lorsque son frère aîné partit à New York pour y entreprendre ses études, elle n'avait que 7 ou 8 ans.

1. Georges Bemberg, *Ici, là-bas et ailleurs*, Société des écrivains, 2005, p. 128.

L'enfance

Il est difficile de décrire avec précision la manière dont Otto Eduardo et Elena Bemberg répartissaient leurs séjours entre l'Argentine et la France puisque les enfants ont tantôt été scolarisés à Buenos Aires, tantôt à Paris. Les grandes familles argentines, pour la plupart d'entre elles, possédaient un hôtel particulier dans le centre de la capitale, des *quintas* à proximité de la ville pour les week-ends et des grandes *estancias* beaucoup plus éloignées pour les cultures et le bétail, où l'on se rendait peu du fait de la vétusté de leurs commodités et des difficultés pour s'y rendre.

Les propriétés familiales des parents de Georges Bemberg

Il en était de même pour Otto Eduardo et Elena Bemberg. Lorsqu'ils ne résidaient pas à Paris, ils vivaient à Buenos Aires. Ils y habitaient un magnifique hôtel particulier, construit sur le mode haussmannien très en vogue, rue Talcahuano, en plein centre-ville. Leur *quinta*, qu'ils étaient heureux de rejoindre dès qu'ils le pouvaient, se situait à

San Isidro, tout proche de Buenos Aires, en bordure de l'estuaire du río de la Plata où s'entremêlent sur de vastes étendues la terre, le ciel et les eaux mouvantes fluviales et maritimes. Là où se ramifient de minces ruisseaux bordés de saules, ce lieu indivis que se partagent les milliers d'oiseaux au gré de leur migration, les terriers abritant une faune sauvage, les poissons affluant au gré des marées et une multitude lancinante d'insectes.

À l'occasion des vacances, la famille se rendait volontiers à la Serana, à 17 kilomètres de Mar del Plata, la grande station balnéaire de l'Argentine à quelque 400 kilomètres au sud de Buenos Aires. Il s'agissait d'une très vaste propriété qu'Otto Sebastian Bemberg avait achetée en 1932 à un propriétaire originaire de Cambo-les-Bains dans le Pays basque. Cette villa majestueuse avait été réalisée sur le modèle de celle qu'avait fait construire Edmond Rostand lorsqu'il s'était établi dans le sud-ouest de la France. Les transports aériens n'existant pas à l'époque et les routes étant encore sommaires, on ne s'y rendait – parents, enfants, cousins... – que pour les vacances, à raison de cinq ou six heures de voiture, avec pour perspective les jeux de la plage. Un peu plus au sud, une autre propriété – el Recreo –, plus modeste, était considérée par la famille plutôt comme un bungalow qui, en fait, ferait désormais bien des envieux !

Par ailleurs, la famille possédait une immense *estancia*, los Cerrillos, située à 130 kilomètres au nord de Buenos Aires, que Georges Bemberg a connu enfant même si la famille s'y rendait moins souvent. Cette *casa del campo*, vouée aux cultures et à l'élevage[1], était une propriété historique extrêmement étendue qui avait appartenu à l'ancien président argentin Juan Manuel de Rosas (1793-1877), personnage très controversé qui a exercé un rôle important dans la conquête des peuples autochtones. La propriété était bordée, sur une quinzaine de kilomètres, par le rio Salado, l'un des plus grands fleuves d'Argentine. C'est de cette propriété où il habitait que Rosas décida de traverser le fleuve pour conquérir les Indiens Ranqueles et Pampas, les tribus aborigènes ancestrales qui ont été en grande majorité exterminées. La maison en elle-même, au cœur de ce vaste territoire, était, sur le mode de l'époque, relativement modeste mais entourée d'un parc magnifique. À côté, il y avait la maison du gardien – le *casero* – et de sa femme chargée de préparer la nourriture lors des visites. Celles-ci n'étaient pas vouées aux vacances mais aux rencontres avec le gérant et au contrôle de l'entretien du vaste territoire de la pampa. De ces terres, Georges héritera une partie à la suite du décès de son père, mais il avoue avoir trouvé ennuyeuses les conversations avec le gérant et le majordome et son incuriosité pour la vie rurale[2]. Seuls le paysage alentour et les cygnes à cou noir, les canards et les flamants du rio Salado l'enchantaient.

1. On y produisait le fromage Santa Rosa.

2. Georges Bemberg, *Journal atlantique*, *op. cit.*, p. 84.

Fils du pays

Les souvenirs les plus chers de Georges Bemberg[3] ont donc principalement pour toile de fond l'environnement de San Isidro et ses paysages, ce lieu dont il est le fils[4] avec lequel, enfant, il a fusionné. « Enfant, je retournai au pays où m'attendait un sol démesuré, morcelé à même ma ville par les réseaux de l'estuaire[5]. » C'est là qu'il vécut ses premières peurs et ses premières conquêtes. La maison dont la galerie extérieure avait vue sur le fleuve était abritée à l'arrière par des eucalyptus dressés contre la plaine. L'allée « saupoudrée de mimosas » s'acheminait au seuil du verger qu'entouraient les pieds de lavande dont la senteur devenait celle des draps de la maisonnée. Le jour préféré de la semaine était le dimanche où l'on s'aventurait sur le petit yacht blanc « dans d'étroits canaux bourbeux, où les saules disposaient sur nos cous de minuscules chenilles. Après m'être gratté jusqu'au sang, se souvient le petit Ñato, j'arrachais au passage les branches coupables que je foulais[6] ». La balade dominicale se poursuivait dans ce qui devient le fleuve « non marin mais aussi libre que l'océan, et dont la couleur, plus claire, crée l'illusion d'une image renversée[7] ».

---

3. À propos de son enfance, il serait plus approprié de mentionner Jorge et non Georges Bemberg. Lui-même a conservé longtemps dans ses correspondances intimes l'habitude de signer « Jorge ». De même, son entourage l'appelait le plus couramment par son surnom Ñato. Son neveu Jean de Yturbe, parlant de lui, l'appelle encore ainsi, affectueusement.

4. Georges Bemberg, *Fils du pays, suivi de Monsalvo et l'amateur de cartes, et de Mal du Sud*, Paul Morihen éd., 1948.

5. *Ibid.*, I, p. 1.

6. *Ibid.*

7. *Ibid.*, I, p. 2.

Nouveau jeu pour l'enfant : « Je mets ma tête en bas, afin que la rivière devienne ciel, le ciel rivière[8]. » Puis l'eau se fait omniprésente avec l'avancée dans l'estuaire que la mer vient embrasser.

Mais la terre de la plaine n'a rien à envier au fleuve. Très tôt le père a initié son fils à l'art de la chasse, qui abonde encore davantage dans les souvenirs de l'enfant. Au bord de la mare, le petit garçon peut demeurer longtemps accroupi derrière les joncs et immobile dans l'espoir d'apercevoir le siffleur au bec crêté de rouge. « Certains soirs, après m'être séparé de la mare, lorsqu'on s'apprêtait à dîner, l'envie me prenait d'y retourner. [...] Pendu au bras de mon père à qui je dois une telle découverte, vers l'eau noire, qui m'attendait par-delà le bois d'eucalyptus, je l'entraînais. [...] Je voyais nager le siffleur. Mon père chargeait le petit fusil et je visais en tremblant[9]. » Dès l'aube, l'enfant s'aventure parfois alors même que les brumes ne sont pas encore levées, ou au contraire quand les derniers rayons sont prêts à disparaître. Il va visiter les oiseaux, errant pendant des heures, en quête de gibier d'eau – canards, ibis ou sarcelles – sans réussir parfois à les approcher. Quelquefois c'est aux côtés de Monsalvo – l'homme qui travaille pour son père – qu'il chevauche, dont il admire tant les gestes lorsqu'il encercle le bétail. Un jour, lorsque le jeune Bemberg tire sur un nandou[10], l'oiseau noir se

8 *Ibid.*

9 *Ibid.*, III, p. 5.

10. Il s'agit de grands oiseaux (1 mètre et demi de hauteur pour les mâles) ressemblant aux autruches. Du fait de leur poids, ils ne volent pas et sont souvent agressifs.

relève et retombe sous la douleur. Monsalvo tire alors le couteau qui ne le quitte jamais et le serre sous le bec de l'animal. Ce jour-là la culpabilité surgit chez l'enfant : « Je songe au sang fait terre, à la bourbe ralentie au sein de l'aile, et déjà mon cœur se lève, car j'ai attenté au continent, lequel à présent va m'obséder durant un temps[11]... »

De fait, l'enfant fait sienne cette terre qu'il aime tant. « Le pays me fait sien. [...] Nous n'étions plus qu'un[12]. » Le jeune garçon est infiniment respectueux de ce qui l'environne comme il l'est de la solitude dont s'entoure Monsalvo et dans laquelle il cherche aussi à se construire. « Ma solitude se définissait dans l'autonomie de mon être[13]. » L'enfant a le sentiment d'appartenir à un vaste monde organique qui l'a fait naître et il a une reconnaissance vis-à-vis de ce monde minéral et végétal dont il admire la vie sauvage. Il n'y a pas de cruauté chez lui, même lorsqu'il pratique la chasse que son père lui a enseignée, et son amour pour les oiseaux est capital, comme en rendent compte ses récits : « Un soir qu'il avait fait beau, un cygne blessé me revint du ciel, le cou défait dans un vacarme de plumes. Son aile brisée s'était prise dans une jonchaie. D'autres cygnes le survolèrent. J'enviais cette fière agonie que par ma seule présence je craignais d'importuner. [...] Ma place n'était pas là. Qu'étais-je venu y faire ? Ma privauté d'homme semblait révoquée. [...] Je ne comptais pas. Les oiseaux passaient

11. Georges Bemberg, *Fils du pays...*, *op. cit.*, IV, p. 7.

12. *Ibid.*, XI, p. 16.

13. *Ibid.*, IV, p. 6.

avant[14]. » L'enfant décide d'aller repêcher l'animal, mais plus il avance dans la mare plus il s'y enfonce et, transi, il doit renoncer. Deux jours plus tard, il est malade, anéanti par la fièvre. Malgré le délire qui l'atteint, cette image lui revient : « Le front illuminé de ma mère, fille du pays, sur mon bras la main loyale de mon père, cet ami de l'eau, près de moi[15]. » L'enfant et son père – et sans doute faudrait-il inclure son jeune frère même s'il n'est pas mentionné – sont attentifs tant aux plantes qu'aux animaux, guettant pour eux les saisons qui leur sont favorables. Seuls les insectes ne bénéficieront jamais de la clémence de l'enfant. Il les déteste et les craint, qu'il s'agisse des mouches, qui rompent le silence de la sieste, des taons verts, qui s'agrippent au crin des chevaux, des fourmis, qui dévorent ses chevilles, ou encore des guêpes, qui le harcèlent et auxquelles il fait subir des sévices qui lui valent les reproches indignés de ses proches.

L'enfant, en revanche, vénère Monsalvo et les hommes que celui-ci retrouve le soir, à la nuit tombée près de l'âtre : « Un rôt fumant meuble ce coin d'hommes pensifs. » La règle est d'usage : les serviteurs, s'ils sont dignes, sont respectés comme les membres de la famille. Georges Bemberg dans son *Journal*[16] leur rend hommage à propos de José Suarez, le plus vieux serviteur de ses grands-parents maternels, qui a été enterré dans le caveau familial où repose désormais son propre père : « Les serviteurs ont

---

14. *Ibid.*, V, p.8.

15 *Ibid.*, V, p.9.

16 Georges Bemberg, *Journal atlantique*, *op. cit.*, p. 70.

été nos vrais compagnons, les seuls à savoir nous initier aux mystères de l'enfance... »

Une éducation stricte

Hormis pendant les vacances, les enfants et les parents ne passaient pas beaucoup de temps ensemble. Lorsqu'ils n'étaient pas à l'école ou au collège, ce sont les nourrices et les tutrices qui les gouvernaient. Les souvenirs que relate Georges Bemberg à propos des toutes premières années à Paris sont plutôt sombres. Lors d'une visite de son frère Édouard, ils évoquent ensemble leur petite enfance à Paris dans les années 1930 : « Nous avions le tort de ne pas être français. Seul un dressage à l'européenne pouvait nous civiliser ; perdre notre naturel pour devenir ce que nous n'étions pas[17]. » Et rigoureuse le fut en effet leur éducation, comme en témoigne ce souvenir que Georges Bemberg relate également dans son journal : « À 5 ans, je m'endormais tous les soirs avec un ourson en peluche qu'un proche, parrain ou marraine, m'avait offert pour mon anniversaire. Une nuit que ma mère vint à l'improviste me border, elle souleva le drap brusquement et fut scandalisée de me trouver blotti dans les bras de mon nounours. Elle s'en empara d'autorité et décréta, en me bordant à nouveau, qu'un enfant de 5 ans ne doit pas dormir avec ses jouets[18]. »

---

17. *Ibid.*, p. 86.
18. *Ibid.*, p. 101.

Les journées passées sous la tutelle des gouvernantes n'ont pas l'air non plus très clémentes, si l'on en juge à partir des récits que fait l'auteur de *Mal du Sud* de ses après-midi au parc de Palermo : « À 6 ans, on m'emmenait à Palermo, ce jardin pour enfants où j'apprenais à jouer comme on apprend à lire. C'était un parc à bustes d'hommes célèbres dont plus personne ne se souvient. Nous étions rares, les palmiers clairsemés [...]. Nous jouions, sachant qu'il était interdit de bouder. Il fallait s'amuser. On criait à peine, car nous étions sages[19]. » Ou encore, à propos d'un autre parc vétuste : « ... Enfant, je me penchais sur les plates-bandes pour apprendre à lire l'orthographe des fleurs. Défense de boire à la rose thé dont la goutte est peut-être la dernière[20]. »

Quant aux jours d'école, si Georges Bemberg ne fait guère référence aux cours Fénelon ou à l'école Pascal qu'il a fréquentés à Paris, en revanche plus nombreuses sont les références au collège Champagnat tenu par les frères maristes à Buenos Aires, dont il garde un très mauvais souvenir. L'humour dont fait si souvent preuve l'auteur atténue heureusement la cruauté qui pouvait y régner : « Les élèves bagarreurs du collège Champagnat (fils de duellistes) en venaient aux poings sans motif, par un besoin pressant d'être le plus costaud, le plus bravache, le plus méchant, vu qu'en l'occurrence l'enjeu n'était pas une victoire mais le besoin de faire peur aux autres. Plus d'une fois, je

19. Georges Bemberg, *Mal du Sud*, *op. cit.*, p. 79.
20. *Ibid.*

rentrai à la maison la lèvre tuméfiée par un coup de poing inopiné. Mon père ne faisait aucun cas de ces flambées entre écoliers. Ma mère insistait : "Il doit apprendre à boxer. – Pas de boxe, décrétait mon père, je ne veux pas qu'il devienne un fier-à-bras. Je veux qu'il fasse de l'escrime. – Pour quoi faire ? Il ne va tout de même pas se battre en duel à 9 ans !"[21]. »

Une autre anecdote rend compte de l'état d'esprit qui régnait dans les établissements religieux argentins : « Sur la cheminée de notre *nursery* à Buenos Aires siégeait de tout temps un macaque en porcelaine, occupé de toute évidence à s'épouiller. À l'occasion d'un concours de dessin, chez les frères maristes [...], je fis dudit singe un croquis assez ressemblant que j'allais soumettre au frère Léon, notre enseignant. Il fut outré, s'empourpra et me chapitra vertement. Comment osai-je ? N'avais-je pas honte ? J'étais trop niais pour comprendre. Ce n'est que trente ans plus tard, me remémorant l'incident, que je compris son indignation. Avec toute l'innocence de mes 9 ans, j'avais tracé fidèlement les contours d'un singe qui s'épouille et que le frère Léon, plus soupçonneux, avait pris pour un singe qui se branle[22]. »

Il est fort difficile de se faire une idée de la tonalité des relations qu'entretenaient Eduardo et Elena Bemberg avec leurs enfants. Leur fils Georges semble avoir été jusqu'à l'adolescence un enfant peu exubérant, sans

21. Georges Bemberg, *Journal atlantique*, *op. cit.*, p. 72.
22. *Ibid.*, p. 100.

doute même assez introverti, qui observait beaucoup ses proches pour en saisir les humeurs. Les moments heureux de l'enfance qu'il relate sont essentiellement les activités qu'il a menées en compagnie de son père. S'il fait mention d'une certaine compassion de sa mère, dont le rôle s'inscrit bien davantage dans le suivi de l'éducation religieuse de ses enfants, le partage des rôles est clair et somme toute tout à fait conforme à l'époque et au milieu à laquelle la famille appartenait. On ne peut oublier que Georges Bemberg est né en 1915 et ses parents respectivement en 1887 et 1890, il y a plus d'un siècle. Une anecdote, toujours à propos de leur rôle éducatif, cette fois-ci sur les côtes normandes, nous le rappelle : « Ils étaient là pour apprendre à nager dans une eau de sel qui leur faisait du bien. Grelotter au soleil sans jamais bronzer était la consigne d'une station balnéaire telle que Cabourg, Trouville ou Dieppe. Mon père regardait nager les autres. Au crawl des jeunes il préférait la marinière de ses grands-parents ou la brasse de son grand-père. Son rêve eût été d'entrer dans l'eau tout habillé, conforme à l'idée que se faisaient de la plage des hommes qui avaient la pudeur de leur corps. Il n'était pas encore admis de se balader mouillé en public[23]. » On se situe en 1920 !

23. *Ibid.*, p. 18.

Les *Ave Maria* et les confessions

On ne saurait oublier non plus que la culture argentine est empreinte de ferveur religieuse et que mère et enfants ont leurs journées ponctuées de cierges à Marie, de neuvaines, de chapelets égrenés, d'*Ave* et de *Sanctus* entonnés à l'unisson. Une nouvelle que Georges Bemberg a écrite à la fin des années 1940 – *Le Sacre* – rend compte de la dévotion que peut entretenir un tout jeune enfant, fils d'une mendiante aveugle : « Longtemps, il se tint devant la Vierge pour la contempler. [...] N'eût été la flamme des cierges, il se fût approché d'elle pour l'embrasser. [...] À présent qu'il était seul, il se sentait plus hardi. [...] Déjà ses bras l'entouraient lorsqu'un son de clef le fit se retourner[24]. » L'enfant, malgré sa terreur en voyant le sacristain venir vers lui, ne put pour autant lâcher prise de la Vierge dont il avait fini par s'emparer, jusqu'au moment où un lambeau de sa chemise prit feu à l'un des cierges. « Lorsque, quelques instants plus tard, le curé, alerté par le lai, arriva en courant, escorté d'enfants de chœur, le feu s'était éteint. Sous la cire à présent refroidie, Jaao avait pris la teinte des saints sur les autels[25]. »

Il est vraisemblable que le choix thématique de cette nouvelle qu'écrivit Georges Bemberg alors qu'il approchait de la quarantaine résonnait avec des souvenirs personnels de son enfance, même s'il en accentue les traits. Elena

---

24. Georges Bemberg, *Quatre mains*, la Table ronde, 1953, p. 89-103.
25. *Ibid.*

Bemberg, sa mère, était elle-même très dévote. Enfant et jusque vers 15 ou 16 ans, raconte-t-il, sa mère, lorsqu'ils étaient à Paris, avait l'habitude de l'emmener à Saint-Joseph-de-Cluny se confesser à l'abbé Mugnier[26] : « Elle d'abord, moi ensuite, ou était-ce l'inverse ? Un matin, après nous avoir donné l'absolution, l'abbé quitta le confessionnal et s'achemina vers la sacristie[27]. » La manière dont l'auteur rapporte la suite de l'anecdote, ne manque pas d'humour : « Ma mère, pour qui l'oubli même involontaire entraînait la perte de son âme, s'avisa de lui emboîter le pas en chuchotant : "Monsieur l'abbé, monsieur l'abbé ! [...] Je crois que j'ai oublié de vous dire..." Mais l'abbé lui répondit : "Pas de scrupules, surtout pas de scrupules !". » Sans doute déçue, peut-être même dépitée, sa mère, « d'un air contrit, regagna son prie-Dieu et marmonna sa pénitence ». L'histoire ne dit pas si son fils fit la sienne avec application.

On ne peut que s'interroger sur ce qui est resté, chez l'adulte, de cette ferveur religieuse à laquelle Georges Bemberg fut sensibilisé. Nombreuses sont ses allusions au religieux dans ses différents récits. Sans nul doute, avec la maturité, Georges Bemberg est devenu fort critique vis-à-vis des rituels trop démonstratifs tels qu'il les a connus dans la culture argentine, friande d'une dramaturgie catholique. « Lorsqu'une gouvernante anglaise me lisait les Évangiles, c'était infiniment moins triste que la lecture

26. Arthur Mugnier, prêtre catholique assez célèbre pour avoir participé à la vie mondaine et littéraire parisienne. *Cf.* Wikipedia.

27. Georges Bemberg, *Journal atlantique*, *op. cit.*, p. 18.

espagnole que m'en donnait ma grand-mère, note-t-il dans son journal [...]. En Espagne, on se sent plus apte à suivre une procession. C'est aussi la langue la mieux faite pour les condoléances[28]. »

De même, Georges Bemberg note combien le recours à Dieu surgit pour rendre compte de l'insaisissable – la naissance du monde et celui du vivant – alors même que la réalité a, en elle-même, sa propre réalité. Inutile de faire référence à Dieu pour admirer l'immensité de ses œuvres qui lui serait attribuée – telle cette terre du Sud qui ne se veut qu'engendrée par elle-même et qu'il aime tant pour elle-même. Ou encore, plus narquois, il remarque combien il est fait appel à Dieu lorsque la peur de l'inconnu ou de la mort surgit. On pense à Dieu lorsque les choses se gâtent. Lui-même en a fait l'expérience enfant : « Pour avoir redouté la mort consécutive à quelque mal naturel aux plantes, j'ai voulu m'incorporer à Dieu car force m'était de vivre[29]. »

Georges Bemberg semble donc quelque peu sceptique à propos de certaines modalités de la croyance, ce qui n'exclut pas chez lui certaines convictions qu'il se garderait bien de dévoiler ou une spiritualité, celle que peuvent notamment susciter certains lieux. Il se rendait volontiers à l'église Saint-Sulpice, près de chez lui à Paris, dont il aimait entendre les orgues[30]. Et au fond, s'il n'avait guère

---

28. *Ibid.*, p. 145.

29. Georges Bemberg, *Mal du Sud*, *op. cit.*, p. 16.

30. Selon les propos de Dominique Baumgartner. Au titre de l'agence Interlinks qu'elle dirigeait à l'époque, Dominique Baumgartner a longuement travaillé avec Gorges Bemberg à l'occasion de la campagne de communication réalisée lors de l'inauguration de la Fondation, puis par la suite lors des expositions provisoires organisées par celle-ci. Ses témoignages sont ici d'une grande richesse.

de goût pour les rituels de sa culture natale, certaines formes de la laïcité faisant fi de toute aspiration spirituelle lui déplaisaient tout autant, ainsi qu'il le note à propos d'un service funèbre d'une vieille dame américaine à la chapelle de Franck Campbell de New York : « Orgue de cinéma, ni autel ni prière, des louanges à la mémoire du défunt. Pas le moindre signe représentatif d'une religion, tout au contraire. Dieu devient peu probable. On hésite à être ému par une cérémonie aussi laïque qu'un acte notarié[31]. » Critique donc vis-à-vis des différentes formes de liturgies, Georges Bemberg se sentit par la suite beaucoup plus proche de la culture protestante anglo-saxonne et s'intéressera même plus tard au jansénisme.

L'enjeu a été ici bien davantage de rassembler quelques-uns des traits qui permettent de se faire une représentation – aussi floue soit-elle – de l'enfance de Georges Bemberg que d'identifier certaines de ses convictions plus tardives. L'enfance, cette période qui l'a incontestablement marqué à travers l'hybridation culturelle de l'Argentine et de la France, l'enfance dont il s'est plu à décrire certains de ses agréments (et quelques plus rares désagréments), cette enfance qui nargue l'adulte, surtout s'il se prend trop au sérieux, demeure présente : « L'enfance nous traque parce qu'elle vous a précédé. Elle revendique son dû. Elle cherche à rattraper cet imposteur qu'est l'homme qui fait l'adulte, à le démasquer, à lui tirer les pieds et les mains jusqu'à

---

31. Georges Bemberg, *Journal atlantique*, *op. cit.*, p. 46.

ce qu'il consente à renouer avec elle[32]. » Il est probable que ce temps de l'enfance, alors même qu'il s'entendait si bien avec son frère et ses sœurs, fut l'un des plus heureux de sa vie. Plus tard, les relations avec son père se sont faites beaucoup plus difficiles et distantes. Très autoritaire, presque protestant dans sa manière d'être, très discipliné, cet homme intelligent s'est essentiellement impliqué dans la gestion des biens hérités puis acquis. Non seulement il gérait tout le groupe[33] – la mise en commun des entreprises familiales (brasseries, banques...) –, mais, on l'a vu, il avait acquis des propriétés qu'il aimait beaucoup et sur lesquelles il a fait de nombreuses plantations, l'une de ses préoccupations favorites. Cet homme qui a consacré sa vie au travail avait du mal à comprendre son fils qui, à l'inverse, ne s'intéressait qu'aux arts et voyageait à tout bout de champ alors que lui-même ne quittait pas son bureau. L'incompréhension, quelquefois accompagnée d'un jugement sévère, s'est donc creusée au fil des années. On peut regretter qu'Otto Bemberg, malgré son décès tardif (97 ans), n'ait pu découvrir la collection de son fils et la création de la Fondation Bemberg dont il aurait certainement été fier, ce qui lui aurait permis de réviser son jugement.

---

32. *Ibid.*, p. 21.

33. C'est ensuite Édouard, le frère cadet de Georges Bemberg, qui prit à sa charge la gestion de cette part commune, en plus de ses biens propres.

Le départ aux États-Unis

Compte tenu de l'éducation rigoureuse qu'ont appliquée Otto Eduardo et Elena Bemberg à leurs enfants, on pouvait s'attendre à ce que ce soit eux qui aient décidé d'envoyer leur fils Georges aux États-Unis, d'une part pour y parfaire son anglais, d'autre part pour y suivre des études supérieures. Les notes incluses dans le *Journal atlantique* que Georges Bemberg a publié en 1948 semblent contredire cette idée reçue : la décision semble bien être la sienne.

Partir

Alors même qu'il va bientôt avoir 25 ans et qu'il vient de passer trois années à Buenos Aires, désormais isolé de l'Europe en guerre, la nécessité de rompre avec l'oisiveté et le carcan familial se fait ressentir. Georges Bemberg l'exprime ainsi dans son journal à propos d'une lecture qu'il vient de faire : « En fait c'est en lisant *Paludes*[1] que je m'avisai de l'urgence d'un départ. Une phrase tirée de Virgile, *Tityre semper recubens* – "Tityre toujours

1. André Gide, *Paludes*, Gallimard, 1920, p. 16.

allongé" –, m'avait secoué comme une alerte ; seul un très long voyage, voire un exil, pouvait m'arracher de mon inertie[2]. » La référence de cette lecture en dit déjà long sur la distance culturelle qui s'était creusée entre sa famille et lui. À l'époque où il lit Gide, cet auteur est déjà amplement connu pour sa rupture morale avec la culture bourgeoise, qui lui voue des attaques violentes de la droite catholique. Après la publication de *L'Immoraliste* en 1902 et de *Corydon* en 1924 qui tente de combattre les préjugés envers l'homosexualité, la réputation de Gide ne cesse de grandir auprès d'une élite culturelle même si celui-ci demeure un auteur très critiqué par les milieux conservateurs.

Paludes, dont il est peu probable que ce soit le premier ouvrage de Gide qu'eut entre les mains Georges Bemberg, est « l'histoire d'un homme qui, possédant le champ de Tityre, ne cherche pas à en sortir, mais au contraire s'en contente[3] ». Cet homme célibataire, à l'instar de Tityre, vit dans une tour entourée de marais et se résigne à la monotonie de son existence. André Gide, plutôt que de vanter la sagesse bucolique qui était celle du héros de Virgile, cherche à le rendre méprisable de se satisfaire de si peu et annonce son propre départ : « Je pars simplement pour partir ; la surprise même est mon but – l'imprévu[4]... » Et de fait, André Gide partira en 1893,

2. Georges Bemberg, *Journal atlantique*, *op. cit.*, p. 66.
3. André Gide, *Paludes*, *op. cit.*, p. 16.
4. *Ibid.*

avant même que ne soit publié *Paludes*, avec son ami Paul Laurens[5] pour la Tunisie, l'Algérie et l'Italie. Le voyage durera neuf mois.

Quant au choix de sa destination pour les États-Unis, Georges Bemberg se plaît là encore à évoquer dans son journal l'influence qu'aurait eu sur lui le film *Our Town* (1940), tiré de la pièce de Thorton Wilder (1938) à laquelle il assiste au moins deux fois ! La référence paraît ici beaucoup plus conformiste si l'on en juge par sa thématique. L'intrigue se situe dans l'une des villes traditionnelles du New Hampshire et relate la relation amoureuse entre George et Emily. Celle-ci se conclut par un mariage hésitant qui se soldera, après le décès de leur deuxième enfant, par la mort d'Emily, qui se transformera en son propre fantôme. De cette pièce dont il prétend qu'elle le détermina à partir pour les États-Unis, Georges Bemberg parle avec engouement : « La scène du mariage et celle du cimetière sous la pluie m'ont bouleversé d'autant plus que les acteurs étaient très jeunes, trop peut-être. La pièce est restée aussi jeune qu'eux[6]. »

On peut imaginer que d'autres éléments furent pris en considération quant à ce départ pour New York, l'objectif notamment, autant partagé par ses parents que par lui-même, d'une poursuite de ses études. Il s'agit bien de briguer un diplôme américain, mais encore faut-il

5. Il s'agit du peintre Paul-Albert Laurens (1870-1934), fils de Jean-Paul Laurens, lui-même peintre (1838-1921).

6. Georges Bemberg, *Journal atlantique*, *op. cit.*, p. 66.

opter pour une école et choisir une discipline : Harvard ? Yale ? Princeton ? Pour le futur étudiant qui a pratiqué le piano depuis de nombreuses années, une information va très vite orienter son choix. Même si en 1940 Nadia Boulanger n'est encore pour lui qu'un nom mais déjà une icône – une revue de l'époque la représentait au pupitre, dirigeant un orchestre, ce qui l'avait laissé pantois ! –, son engouement musical va être décisif. Il avait déjà composé une sarabande et quelques mélodies, de telle sorte que le personnage déjà célèbre en Europe fait frétiller son imagination. Ayant appris qu'elle était attendue à la Longy School of Music, c'est Harvard qui sera retenue du fait de sa proximité avec Cambridge où en effet Nadia Boulanger, en raison de la guerre, enseignera jusqu'en 1945 l'harmonie, le contrepoint, la fugue, l'orchestration et la composition !

L'arrivée à New York

En 1940, seuls les bateaux permettaient de transiter de Buenos Aires à New York à raison de cinq jours de navigation. « On appareillait pour New York après une manœuvre lente propre au dépaysement. [...] La nuit nous entraînait si vite que les mouettes n'iraient plus très loin. Bientôt, la mer s'aggravait. Le vent changeait de langue. La proue se levait pour mieux voir dans l'obscurité. On ramenait jusqu'au menton une couverture de laine rouge afin de se blottir dans une provision de souvenirs.

[...] Une ville soudain nous barrait la route et force nous était d'y croire. C'était New York, la proue de notre siècle[7]. » Même si ce voyage sera réitéré de nombreuses fois par la suite, les souvenirs, en effet nombreux, demeurent profonds et chargés d'une vive émotion. « ... Ceux qui, après cinq nuits de mer, passé le bateau-feu Ambrose et les dunes blêmes de Sandy Hook, ceux qui pénètrent New York par la voie béante de l'Hudson, ceux-là seuls connaissent la magie de l'arrivée. [...] Et d'arriver ainsi soudain et déjà d'atteindre une ville qui n'en finit plus de durer le long d'un fleuve qui ne sait pas où il mène confère une sorte d'investiture[8]. »

Lorsque Georges Bemberg s'ingénie à se remémorer sa première arrivée à New York, les émotions ravivées sont beaucoup moins liées à ceux qu'il a quittés – ses proches – qu'à ce qu'il découvre, certes ce nouveau paysage urbain fantastique mais surtout un sentiment de liberté encore jamais éprouvé. « La liberté, je la sentais qui déniaisait mon visage interdit de préceptes. Elle me balafrait de rides nouvelles. [...] La démesure de l'impossible qui devient possible remettait tout en question. [...] Qu'allais-je faire de ces nouveaux élans[9] ? » Les soucis liés à sa nouvelle intégration universitaire ne tempèrent en rien l'ivresse qui surgit : « Je réagis à cette ville comme une souris à l'oxygène, furieux de vivre au diapason de l'instant, de rattraper le temps en vue de l'immanente fête qui s'instaure autour de moi[10]. »

7. Georges Bemberg, *Mal du Sud*, *op. cit.*, p. 31.

8. *Ibid.*, p.32.

9. *Ibid.*, p. 37.

10. *Ibid.*, p. 43.

La réalité le rattrape néanmoins, sans désagrément, semble-t-il, le jeune homme s'inscrit à la Harvard Graduate School pour y étudier la littérature comparée anglaise et française, et s'inscrit également dans la foulée à la Longy School of Music.

Contrepoint avec Nadia Boulanger

Un parcours d'exception

Lorsqu'elle arrive à Cambridge en novembre 1940, épuisée après une traversée de dix jours à bord d'un cargo suédois, Nadia Boulanger est déjà une grande dame dans l'univers de la musique. Mademoiselle, ainsi qu'elle exigeait qu'on l'appelle, âgée alors de 47 ans, a déjà derrière elle un parcours d'exception. Fille du compositeur et pianiste français Ernest Boulanger (1815-1900) et de la princesse russe Raïssa Ivanovna Mychestsky (1856-1935), elle est entourée dès son enfance par de grands musiciens, amis de ses parents : Charles Gounod, Camille Saint-Saëns, Raoul Pugno et tout particulièrement Gabriel Fauré, dont elle suivra les cours au conservatoire de Paris. Elle suit parallèlement les cours de Georges Enesco et de Maurice Ravel. C'est d'abord comme pianiste, puis comme organiste, qu'elle débute sa carrière musicale et très vite compose des œuvres vocales, de la musique de chambre et quelques pièces d'orchestre. Ayant eu l'immense douleur de perdre sa jeune sœur avec laquelle elle entretenait une relation fusionnelle, elle préfère délaisser la composition pour laquelle elle jugeait sa cadette beaucoup plus talentueuse[1], et donne la préférence à la direction orchestrale en même temps qu'à l'enseignement, qu'elle poursuivra tout au long de sa vie. En 1924, lors d'un séjour à New York, elle interprète des œuvres pour orgue solo de sa sœur Lili, et elle crée une nouvelle symphonie d'Aaron Copland pour orgue et orchestre, qui lui est dédicacée[2].

Nadia Boulanger est l'une des premières femmes cheffes d'orchestre à diriger de grandes formations en France et aux États-Unis. En 1936, elle dirige l'orchestre philharmonique de Londres et en 1938 l'orchestre symphonique de Boston. Lors de la Seconde Guerre mondiale, lorsqu'elle choisit de rejoindre Cambridge, Nadia Boulanger est déjà familière de la culture américaine, y compris musicale.

Dès 1921, elle est en effet professeure au conservatoire américain de Fontainebleau, dont elle prendra la direction en 1948 jusqu'à sa mort. Elle y accueille d'éminents compositeurs américains mais aussi un très grand nombre d'étudiants venus du monde entier. Bien que réputée pour son extrême rigueur, elle était ouverte à une grande diversité de genres musicaux, incluant aussi bien le jazz et le gospel que les répertoires traditionnels[3]. Elle encourageait les étudiants à puiser leur influence

1. Lili Boulanger fut la première femme à remporter le prix de Rome en 1913.

2. *Cf.* Wikipedia.

3. Sans Nadia Boulanger, les compositeurs américains auraient continué à imiter la musique européenne du XIXe (http://www.telerama.fr).

sur leur propre continent. Elle eut du reste pour élève Quincy Jones, qui produisit les meilleurs tubes de Michael Jackson ! Mais sans doute les souvenirs qu'en ont gardés ses étudiants ont trait à son extrême exigence. Elle était manifestement une terreur pour bon nombre de ses élèves, ou disons intransigeante[4] aux dires de ceux qui ont su surmonter leur appréhension. Et heureusement, ils sont nombreux si l'on en juge par la renommée de bon nombre d'entre eux : Aaron Copland, Dinu Lipatti, Elliott Carter, Igor Markevitch, Daniel Barenboim, Marius Constant, John Elliott, Astor Piazzolla, Yehudi Menuhin, Lalo Schifrin et tant d'autres parmi lesquels le pianiste Émile Naoumoff, l'un des derniers en date et sans doute son petit préféré.

Les cours de Mademoiselle

Quelques jours après s'être inscrit à Harvard, Georges Bemberg, fort impatient, se rend à la Longy School of Music où il croise, dès les premiers pas, mademoiselle Boulanger dans le hall d'entrée, en conversation avec la directrice du conservatoire : « Dès qu'elle me vit, elle me scruta de haut en bas, d'un air qui me signifiait qu'elle ne m'attendait pas. Ajustant son pince-nez qu'elle portait en sautoir, elle hasarda quelques questions. Sa voix énergique et sonore contrastait avec son corps fragile. Elle était maigre, pâle, habillée de noir[5]. » Une fois qu'ils

4. *Ibid.*
5. Georges Bemberg, *Souvenir d'un contrepoint*, texte non publié, Buenos Aires, 9 décembre 1996.

sont installés dans la salle de classe face au piano, Mademoiselle crible de questions le jeune homme fort intimidé : sa nationalité, d'où venait-il et parlait-il le français sans accent, sa scolarité musicale... ? Dès lors que les présentations furent faites, en apprenant ses liens avec la famille Ocampo, Mademoiselle se fit enthousiaste. Non seulement elle connaissait Victoria Ocampo, directrice de la revue *Sur*, mais elle avait eu pour élève au piano sa jeune sœur Angelica avant la guerre. Puis vint le test, Georges fut invité à se mettre au clavier et il choisit de jouer cette sarabande qu'il avait orchestrée avec l'aide de son professeur précédent. L'évaluation ne se fit pas attendre : « Vous êtes musicien, lui dit-elle, mais il est évident que vous n'avez pas fait de contrepoint. Est-ce que vous composez au piano ? Moi je veux bien, mais il ne faut pas que je m'en aperçoive. » Et avant de lui indiquer la série d'exercices qu'elle lui proposait, elle lui énonça les règles de contrepoint qui lui apparaissaient fondamentales : éviter les mouvements parallèles, les quintes et les octaves successives... Dès lors les cours se succédèrent régulièrement, séances entrecoupées de références empruntées aux grands musiciens : « De Mozart ou de Chopin, elle m'expliquait la structure d'un mouvement ou l'agencement d'un accord. C'est à elle que je dois d'avoir appris à écouter attentivement. Elle me prenait de court : "Combien de lignes mélodiques entendez-vous dans ce morceau ? – Mais deux, tout au plus trois... fis-je décontenancé. – Ce n'est pas assez, me fit-elle fermement, il faut absolument que vous travailliez votre contrepoint. »

Heureusement, la rigueur des cours est tempérée par de nombreuses conversations littéraires. L'élève et le professeur échangent à propos de leurs goûts respectifs – Gide et Valéry qu'elle appréciait aussi – et tout particulièrement, la concernant, Claudel et Giraudoux. À côté de son talent musical, Nadia Boulanger s'intéressait avec ferveur aux mouvements littéraires de son époque. Elle comptait parmi les assidus des rencontres qui se sont longtemps tenues à l'abbaye de Pontigny (1910-1914, 1922-1939) où se réunissaient les grands intellectuels de ces années – Gide, Mauriac, Saint-Exupéry, André et Clara Malraux, Aron, Bachelard, Sartre, etc. De même, Nadia Boulanger était devenue une caution intellectuelle et musicale dans certains salons parisiens – celui de la princesse de Polignac, notamment[6]. Autant dire que, pour le jeune étudiant en lettres comparées, l'attrait pour ces cours était grand. Autant la musicienne s'étonnait de son engouement pour Erik Satie, Darius Milhaud et Richard Strauss (quelle vulgarité !), autant elle respectait son culte pour Debussy, Ravel, Delius... Quant à Wagner, qui fut incontestablement le musicien préféré de Georges Bemberg et qu'il ne cessa d'écouter assidûment toute sa vie, elle reconnaissait qu'il s'agissait d'un génie sans lui porter une telle vénération.

6. Brin Miclet, « Nadia Boulanger, femme de l'ombre et d'influence du miieu classique parisien », 31 juillet 2021, slate.fr

Il ne pouvait pas non plus ne pas être question des Six[7], mais sans aucun enthousiasme de sa part, à l'exception de Francis Poulenc, qu'elle voyait souvent. Mais celui qu'elle plaçait au-dessus de tous était Igor Stravinsky. « Cette idolâtrie » qu'elle lui portait, comme le mentionnait Georges Bemberg, ne fut pas sans l'agacer. On se devait de laisser de côté Wagner, Strauss, Mahler, tout comme Paul Hindemith, Benjamin Britten. Ce privilège accordé au compositeur russe l'irritait d'autant plus que, lors d'une visite de Stravinsky, Mademoiselle en oublia l'heure de son cours et, pire, l'oubli se renouvellera à différentes reprises : « Un jour qu'elle s'était décommandée, elle me pria de reporter une leçon au lendemain après-midi à 17 heures. Je me revois escaladant les buttes enneigées de Gerry's Landing, où elle logeait à l'époque. À peine avais-je franchi l'antichambre que je perçus des bribes de conversation qui provenaient de la pièce voisine. Je m'approchai de la porte. Une voix de basse, relevée d'un fort accent slave, dominait les autres voix : c'était Stravinsky. [...] Une servante qui passait alla l'avertir que je l'attendais. Par la porte entrebâillée, j'entendis la voix énergique de mademoiselle Boulanger : "Venez voir le cousin des Ocampo." Elle apparut au bras de son idole, un tout petit bonhomme chauve, doté d'immenses lunettes à l'échelle de ses oreilles, à qui je fus hâtivement présenté comme un fâcheux[8]. »

7. Les Six est un groupe de compositeurs néoclassiques ayant réuni Georges Auric, Louis Durey, Arthur Honegger, Darius Milhaud, Francis Poulenc, Germaine Tailleferre.

8. Georges Bemberg, *Souvenir d'un contrepoint*, *op. cit.*

Les cours ne se passent pas toujours sous les meilleurs auspices. Alors même, dit-il, qu'il avait « bûché » le plus clair de la semaine sur une mélodie, elle le reprend vivement : « Vous n'avez pas voulu cette ligne mélodique. – Si, si, réplique-t-il. – Alors vous ne l'avez pas entendue », lui reproche-t-elle. Et lorsqu'il mentionne les difficultés qu'il rencontre, la réplique est immédiate : « Il faut que ce soit difficile. C'est une chance que ce soit difficile. Il faut dix ans pour faire un musicien[9]. » Souvent l'élève se met à douter, craint de décevoir son professeur et commence assez rapidement à se questionner aussi sur ses possibilités réelles, et ce malgré les encouragements qu'elle lui prodigue de temps en temps : « Vous avez vraiment le sens de la mélodie, s'écria-t-elle un matin avec enthousiasme. J'espère que vous allez travailler ! » Mais elle se hâta d'ajouter : « Je sais qu'avec vous on peut perdre, mais je sais aussi qu'on peut gagner ! » Outre les questions que se pose le jeune homme quant à sa réelle faculté de dépasser une « honorable médiocrité », le questionnement se déplace sur son réel désir de devoir vouer tant d'années à un enseignement aussi exclusif, qui le contraindrait à devoir renoncer à tant d'autres domaines qui lui sont chers, la littérature notamment. Le doute est d'autant plus délicat qu'au bout de quelques mois il est conscient de son attachement pour son enseignante : « Je m'étais attachée à elle. La fascination qu'elle exerçait sur moi s'avérait à chaque leçon plus irrésistible. Sa présence m'envoûtait. Mais j'étais un être

9. *Ibid.*

secret. Je ne lui avais jamais parlé de moi. Ma réserve lui portait sur les nerfs. Elle ne savait pas trop comment s'y prendre pour percer à jour l'énigme de ma rêvasserie[10]. »

La tension qui s'exerce pendant les cours est heureusement compensée par les soirées au cours desquelles Nadia Boulanger invite les élèves et ses amis à Gerry's Landing. De toutes ces soirées pendant lesquelles il rencontre de jeunes musiciens dont il partage le goût de la polyphonie, Georges Bemberg garde un souvenir radieux. De même, il se souvient avec intensité de deux concerts que Nadia Boulanger a donnés pendant cette première année : le premier au Carnegie Hall à New York, le second à la Concord Academy (dans le Massachusetts) où elle dirigeait en plein air *King Arthur* de Purcell. Un état de grâce. La nature même de la pédagogie l'interpellait lorsqu'elle lui confiait que la musique était autant faite pour être vue qu'entendue : « Pour elle, les notes étaient des signes plus distincts que les lettres. Il lui était aussi facile de lire une partition d'orchestre qu'un journal. Il fallait éduquer l'œil en fonction de l'oreille[11]. »

La première année s'achève sans que le jeune homme ne parvienne à se départir de ses hésitations et sans doute a-t-il sauté les derniers cours sans en avoir discuté avec Mademoiselle qui, surprise, lui expédie un courrier. En réponse, Georges Bemberg lui envoie une lettre, certes pour s'excuser auprès d'elle, mais aussi pour tenter de lui dire son mal-être. Cette lettre, conservée par le département

10. *Ibid.*

11. *Ibid.*

de la musique de la Bibliothèque nationale de France, est envoyée le 16 juillet 1941 de New York (Savoy-Plaza Hotel)[12] et permet de comprendre le désarroi dans lequel se trouve l'apprenti musicien :

> « … Votre lettre si pleine d'encouragements m'a fait plaisir. Avec un tempérament aussi versatile que le mien, on aime à se sentir guidé dans la vie, surtout lorsqu'il s'agit de quelqu'un comme vous en qui j'ai si confiance. J'aurais voulu pouvoir causer avec vous davantage et vous expliquer les causes réelles de mes hésitations afin de savoir si oui ou non elles sont fondées. Mais vous avez mieux à faire que d'écouter des balivernes. Où en seriez-vous si vous deviez vous prêter à un tel supplice avec chacun de vos élèves ! »
>
> Je tiens à vous remercier… […] Je compte passer deux mois dans mon pays et retourner à Harvard en octobre où je l'espère nous nous reverrons… »

Et en dessous de sa signature, ce *post-scriptum* :

> « P.S. Pour le moment, tous mes projets restent vagues car les événements vous permettent si peu d'en faire et surtout de les réaliser. »

En octobre 1941, Georges Bemberg a-t-il repris ses cours avec Nadia Boulanger ? Il semble que non car les courriers suivants laissent entendre qu'ils ne se sont pas vus

12. *Cf.* Quatre lettres de Georges Bemberg à Nadia Boulanger, 1941-1977.

depuis bien longtemps. En 1945, il lui adresse en effet une lettre postée de New York où il lui dit tout son regret de ne pas l'avoir vue depuis si longtemps, disant même qu'il la croyait rentrée en France et lui disant son espoir de la revoir à Noël à New York. Les contacts ne sont donc pas rompus pour autant. En avril 1948, il lui dit combien il aimerait la revoir et lui commente les concerts auxquels il a assisté durant l'hiver, parmi lesquels il évoque les œuvres de Stravinsky. Celui-ci a même dirigé sa *Symphonie d'instruments à vent* et les *Danses concertantes.* En seconde partie de ce même programme, Stravinsky était également à l'honneur avec le *Capriccio* et la *Symphonie en do,* joués sous la direction d'un « certain Robert Craft, qui m'a paru très bien saisir le sens de cette musique ».

Quelques mois plus tard, il la retrouve chez elle à Paris et lui joue quelques mélodies, une pièce pour piano et lui indique les partitions d'orchestre qu'il a étudiées. Mais sa réaction spontanée ne se solde pas par des encouragements : « Ce n'est pas suffisant. Vous n'arriverez à rien tant que vous n'aurez pas maîtrisé le contrepoint. » L'amertume est grande, ainsi qu'il l'avoue : « Ayant parcouru le premier mouvement d'un quatuor à cordes que j'avais composé selon les règles les plus strictes, elle dut convenir que c'était correct. » Mais elle ne put s'empêcher d'y ajouter un bémol : « Faut-il que vous répétiez ce *ré* ? Et ne trouvez-vous pas que cette tierce est un peu plate ? » « Il lui fallait à tout prix relever des fautes », conclut l'amateur compositeur[13].

13. Georges Bemberg, *Souvenir d'un contrepoint, op. cit.*

Tout au long de sa vie, Georges Bemberg témoigne néanmoins de sa gratitude vis-à-vis de cette grande dame qui lui a tant appris, y compris d'y voir plus clair dans ses réelles ambitions. Une dernière lettre qu'il lui écrivit de la rue du Dragon le 6 septembre 1977 lui fête ses 90 ans, lui dit combien il pense à elle et la remercie : « Je vous suis reconnaissant de tout ce que je tiens de vous. » Il lui rendra d'ailleurs visite chez elle, rue Ballu, où elle s'empresse de lui indiquer de la main un siège qui n'était pas dans la pièce. Elle était devenue aveugle. En 1985, alors même qu'il lit l'opuscule de Bruno Monsaingeon sur Nadia Boulanger, il conclut ainsi sur ses espoirs déçus mais aussi sa détermination, à ce moment-là sans regret : « Nostalgie et remords. Elle attendait de moi ce que je ne pouvais lui donner. Je n'étais pas préparé pour ce sacerdoce qu'est la musique. L'idée de me cloîtrer dans une discipline qui n'en n'admettait pas d'autres me hérissait. Quoique doué du sens de la mélodie, je n'étais pas disposé à tout lui sacrifier. Je n'aurais pas su me passer de tout ce que j'aimais le plus : la liberté de m'intéresser à la musique des autres. Par ailleurs, "être doué, c'est ne pas avoir assez de talent pour se spécialiser (Sacha Guitry)"[14]. » Sa dernière composition, confie-t-il en 1996, date de 1952. Il prit dès lors la décision de faire évacuer les pianos qu'il possédait, ce qui ne l'empêcha pas de continuer à perfectionner quasi quotidiennement son écoute musicale.

---

14. Georges Bemberg, *Journal atlantique*, *op. cit.*, p. 81.

La vie américaine

À l'issue de ses études à Harvard, Georges Bemberg, lors de ses escapades à New York, a tant pris goût à cette ville et à la vie américaine qu'il décide d'y acheter un appartement. Il s'est épris de l'ambiance new-yorkaise, de ses buildings épurés, de ses modes de vie et de sa culture sans passé. Coup de foudre pour une ville du Nouveau Monde, pour son effervescence et la liberté qu'elle respire : « Enfin, me disais-je, une ville impropre aux miens. On m'avait élevé pour des villes à sens unique où je savais que je ne vivrais pas[1]. »

La magie de l'East River

Le quartier que Georges Bemberg choisit pour y habiter est loin d'être des plus luxueux et des plus centraux. Il opte pour un appartement des années 1950 du côté des Nations unies, plus précisément sur la rive de l'East River. L'immeuble plonge ses racines dans l'eau, ses fondations sont immergées dans le fleuve lui-même. « La nuit on entendait les blocs de glace qui ripaient contre le bas

1. Georges Bemberg, *Ici, là-bas et ailleurs*, *op. cit.*, p. 7.

de l'immeuble. Ils descendaient sur l'*East River* depuis le Labrador. C'était magique[2]. » C'est le dépaysement complet, ce qui l'enchante. « New York fait contrepoids à Passy et Auteuil, aux salles de bal désaffectées de l'avenue Bugeaud ou aux persiennes closes du boulevard Flandrin, à ces quartiers privilégiés, hermétiques à la fête[3]. » Si, de fait, ce quartier new-yorkais, situé en face de l'ancienne prison de Rikers Island, contraste fortement avec le XVIe arrondissement parisien, son nouvel occupant s'y sent si bien qu'il gardera son appartement jusqu'à la fin de ses jours, même s'il ne l'occupera jamais de façon continue.

Georges Bemberg, à quelque époque que ce soit, n'a jamais été attiré par le luxe, mais est en revanche très sensible au confort. L'appartement comportait un vaste vestibule, un grand double salon, deux chambres, deux salles de bains... Le mobilier était anglais de l'époque du roi Georges V et, s'il n'avait pas grand charme, il était très confortable, très cosy, avec des meubles de *gentlemen's club*. Et sur les murs viendront progressivement se serrer les uns contre les autres les tableaux dont il fera l'acquisition.

De ses fenêtres, le paysage urbain l'étreint. En face, de l'autre côté du fleuve, l'immensité du Queens, qu'il se plaît à contempler de jour comme de nuit : « Comment voir assez l'avidité du jour sur le fleuve ? Les écriteaux

2. Entretien avec Philippe Cros, le 11 mai 2022.

3. Georges Bemberg, *Ici, là-bas et ailleurs*, *op. cit.*, p. 7.

éteints du Flushing[4] n'altèrent point le jour ce qu'ils épellent la nuit. Combien m'est familière cette armature cloutée de fers et de béton, qui s'encombre dans la brique des entrepôts et des hangars de triage. Il fait un temps d'usines dont la fumée n'émousse pas la pointe des églises. Je crois entendre très loin la rumeur de ce que je vois[5]. » Décidément, Georges Bemberg aime les cubes de New York, que l'on pourrait croire bâtie par des enfants. Ici son adolescence se prolonge : dans cette ville jeune, il renoue chaque jour avec sa propre jeunesse et, curieusement, ce qu'il goûte par-dessus tout, ce sont les rigueurs de l'hiver, ce froid extrême « qui donne soif » et qu'il associe tout particulièrement à New York. « Ayant enfin l'âge de ce que j'aime, la ville me semble un jouet d'hiver qui n'existe que pour moi, tant que les rues sont blanches, les vitres rouges et que l'enfance retrouvée m'accorde une trêve de paresse[6]. » Décembre et janvier sont ici « des mois de vacances ». Sans doute, pour lui, originaire du Sud, le froid et ses frimas signifient-ils la rupture avec les lieux familiaux et cette autonomie qu'il a tant attendue. En maintes occasions, il prend plaisir à énoncer ce froid et l'émotion qu'il lui procure : « Grands froids tranchants. Hier soir, après cinq minutes de marche, j'ai dû rentrer. Ce matin le vent me balafrait le visage. Mais la lumière est telle qu'on s'arrête pour la

4. Quartier de l'arrondissement du Queens.

5. Georges Bemberg, *Mal du Sud*, *op. cit.*, p. 42.

6. *Ibid.*, p. 49.

contempler. L'East River en fin de journée. Le nacré est sa dernière couleur. Toute cette étendue augmentée par un froid qui vient d'ailleurs[7]. » Ce froid lui fait changer d'hémisphère.

Même la neige ne le rebute pas, bien au contraire : « Combien me plaît hiberner dans mon isba, tel un esquimau dans un igloo. La neige oblique de ce matin a privé Manhattan de ses banlieues. Seules les chaussées déblayées par les chasse-neiges sont praticables. Les piétons épars et ralentis avancent comme des pèlerins. Plutôt un froid boréal et radieux que, dans une rade, la lueur faible d'une bouée[8]. »

La flânerie new-yorkaise

Libéré de ses études et des activités familiales, que fait-il dans cet immense puzzle citadin ? Sans doute encore peu intégré dans des réseaux amicaux, si ce n'est la proximité de son frère, que fait-il de sa solitude ? Tels les surréalistes, il prend plaisir à flâner, quand le froid aigu ne le contraint pas à presser le pas : « Le froid est la température de la hâte. Dans la rue je marche vite à mon insu. J'agis non point tant par goût du travail, ni par plaisir, que parce que je ne me sens pas libre d'être immobile. Sur l'asphalte micacé mon corps marche tout seul, plus vite que moi, sans être pressé car je ne vais nulle part[9]. »

---

7. Georges Bemberg, *Ici, là-bas et ailleurs*, *op. cit.*, p. 45.

8. *Ibid.*, p. 123.

9. *Ibid.*, p.43.

Cette solitude qu'il recherche si souvent épouse à New York une autre dimension. Seul, oui, mais au milieu d'une foule arpentant les rues où règnent les célibataires qui rejoignent leur bureau, une foule anonyme et pourtant si vitalement présente. Alors même qu'être célibataire est toujours suspect dans les familles bourgeoises et surtout dans la culture argentine, il n'est rien de plus banal à New York. Le célibataire, bien au contraire, y acquiert même « une vraisemblance, voire une prééminence que nul n'a garde de lui disputer. Il adopte cette ville parce qu'il y découvre un rôle. Il aime collaborer le jour, rire la nuit, tel un élève qui n'a pas encore souci du bonheur[10] ». D'ailleurs Georges Bemberg note qu'en anglais *single* ne veut pas dire solitaire mais la femme ou l'homme détaché, « l'être non apparié qui vit seul. Ou l'être marié qu'un travail commun restitue peu à peu au célibat[11] ». Cette solitude qu'il vit à New York n'en est pas une puisqu'elle est collectivement partagée la journée par les flux qui l'entourent et dans lesquels il s'immisce sans réserve.

Le hasard de ses pas le conduit un jour dans la Deuxième Avenue devant la boutique d'un brocanteur. Il y entre et s'y attarde au milieu d'un entassement poussiéreux. « Le marchand ne sait pas ce qu'il a. [...] Il s'agit donc de repérer l'objet dans cet amas de styles dont aucun ne semble avoir sur l'autre la moindre primauté. [...] Les vieilleries comme les fripes sont maculées de souvenirs.

10. *Ibid.*, p. 47.

11. *Ibid.*, p. 46.

Rien de plus sale qu'une trace de vie. C'est ici qu'échoue l'objet raté, l'objet sans valeur dont nul là-bas n'a voulu. [...] Bronze ou cristal, il vient à coup sûr de très loin, bien qu'il ne remonte même pas à 1900. L'acheter, c'est en somme le restituer à lui-même, fût-ce une laideur qui connut un renom[12]. » L'amateur achète donc « l'objet » et ce n'est pas son premier achat. Dans cette Amérique où tout objet usé perd d'emblée toute valeur, où tout objet décati est voué à la poubelle, Georges Bemberg nourrit toute une réflexion, qui le poursuivra tout au long de sa vie, sur le rôle des objets et l'attachement qu'on peut leur vouer. Il ne s'agit pas seulement d'une esthétique des objets mais d'une pensée philosophique sur leur destinée et leur rebut, leur capacité à « faire société » à travers le temps, les liens qu'ils nourrissent avec les humains. Si en Argentine, comme en France, il était entouré d'objets de valeur, c'est sans aucun doute à New York que mûrit son attachement pour certains objets portés par le flux des migrations antérieures et peu à peu destitués par une société qui n'aspire qu'à sa jeunesse. « Girandoles, camées, opalines... Un jour l'aquilon balaiera ce fatras d'Europe qui n'a rien à faire ici[13]. »

Il est d'ailleurs notoire, l'anecdote a circulé, que c'est à New York que Georges Bemberg fit l'achat de son premier tableau de valeur, avant même qu'il ne débute ses études à Harvard. Il s'agit d'une petite gouache de Pissarro qui s'intitule *Le Pont de Mâcon* et qui est toujours à la Fondation.

12. *Ibid.*, p. 55.
13. *Ibid.*

On peut estimer que ce sont dans les années 1950, où il demeure le plus souvent à New York, que Georges Bemberg fait un certain nombre d'acquisitions qui inaugurèrent son talent de collectionneur.

Si les journées sont donc le plus souvent dévolues à la flânerie, les soirées en revanche sont plus souvent réservées aux féeries qu'offre la cité. Outre les concerts dont on a vu qu'il était très amateur, Georges Bemberg se prend d'un goût inattendu pour les spectacles que propose à profusion Broadway. Il s'agit peut-être initialement de se « désennuyer », mais l'intérêt devient rapidement plus sérieux. De toutes ces pièces de théâtre auxquelles il assiste, quelques-unes retiennent suffisamment son attention pour qu'il les évoque dans son journal, souvent du reste avec un brin d'ironie quant aux critères qui font le succès de certaines d'entre elles. Dans cet univers du spectacle, comme pour les biens de consommation, le succès se mesure aux nombres de places vendues et leur retentissement ne peut qu'engendrer un surcroît de succès. La pièce *Hadrien VII*[14] remporte quant à elle un vif succès qu'il commente ainsi : « Vu que le triomphe à Broadway doit être disproportionné, c'est la démesure ou rien. Pas un strapontin de libre. [...] Seules les pièces à grand succès sont incontestablement les meilleures : *smash hits* et *block busters*[15]... mais un fauteuil de vide et c'est le désastre[16]. »

14. Pièce tirée du roman de Frederick Rolfe, 1904.

15. Productions à gros succès.

16. Georges Bemberg, *Journal atlantique*, *op. cit.*, p. 24.

Quant à la qualité de la pièce en question, l'amateur de théâtre n'en dit pas plus, même si son thème désopilant n'était sans doute pas pour lui déplaire. Le héros est un homme fort cultivé qui vit dans une extrême pauvreté. Son ambition est d'entrer dans les ordres mais son caractère irrévérencieux et arrogant a fait échouer toutes ses tentatives. Cependant la fortune lui sourira malgré tout puisqu'il accédera au trône de saint Pierre. Devenu pape, il se hâtera de distribuer le trésor du Vatican...

Georges Bemberg éprouve sans aucun doute beaucoup plus d'enthousiasme pour une autre pièce, cette fois-ci d'Oscar Wilde, cet auteur qu'il apprécie tant. La pièce s'intitule *The Importance of Being Earnest* (*L'Importance d'être constant*) et date de 1896. Son auteur l'a lui-même qualifiée ainsi : « une pièce triviale pour les gens sérieux ». Cette comédie tourne en dérision l'hypocrisie des mœurs à propos du mariage avec cet humour anglo-saxon qui séduit tant Georges Bemberg mais qu'il pense difficile à assimiler pour un public étranger, ainsi qu'il le note dans son journal : « La qualité d'un spectacle du *Commercial Theater* de Broadway, ratifiée par la critique impitoyable de la presse américaine, n'a d'égal en Europe que certaines pièces du West End de Londres. Un spectacle à New York parfaitement mis au point n'est toujours pas au goût d'un public étranger[17]. » Lui-même s'essaiera à ce genre littéraire dans les années 1980.

17. *Ibid.*, p. 20.

L'impératif américain du bonheur

Si Georges Bemberg aime tant habiter New York, même s'il ne cesse de faire des allers-retours, ce n'est pas seulement pour la beauté de son architecture ou pour son climat rigoureux, tant s'en faut, mais parce qu'il apprécie beaucoup son effervescence et son mode de vie, qu'il identifie à la culture anglo-saxonne. Précisément parce qu'il est le plus souvent seul, il devient un observateur remarquable des modes de vie qui l'entourent. En 1948, il publie en français un ouvrage tout à fait étonnant qu'il intitule *L'Innocence américaine ou le Mythe d'Abel*, aux Éditions du Sagittaire.

Ce livre[18] est le fruit d'un regard sociologique et d'une réflexion philosophique approfondie de la culture américaine des années de l'après-guerre. On se doit, pour l'aborder, de le situer dans le contexte socio-historique de cette époque, tant du point de vue de l'emploi de certains termes (le concept de race notamment) que du point de vue de son contenu, ne serait-ce que parce que l'histoire des États-Unis a été bouleversée depuis par de nombreux conflits, tels que la guerre du Viêt Nam. Georges Bemberg se saisit du mythe d'Abel pour rendre compte d'une forme de salut qu'entretiennent les États-Unis – ce Nouveau Monde – vis-à-vis de l'Europe, dans l'incapacité, quant à elle,

18. Sa page de garde est ici dédicacée par son auteur à Michelle. On peut supposer qu'il s'agit de Michelle Maurois (la fille de l'écrivain André Maurois), avec qui Georges Bemberg a entretenu une longue amitié. On peut y lire « Pour Michelle, en souvenir des pailles d'or et d'un superbe taille-crayon », signé « Ñato ».

d'endiguer sa « part du diable[19] ». Dans le récit biblique, Abel est l'élu de Dieu, innocent et heureux, tandis que Caïn est l'éternel damné, enlisé dans sa culpabilité. À l'issue de la guerre de l'Indépendance naît l'espoir de recommencer le monde, et cet autre monde n'est autre qu'un état *d'innocence* alors même que l'homme européen, surtout s'il est méditerranéen, est l'héritier de la *culpabilité.* En prenant pour métaphore le mythe d'Abel et de Caïn, Georges Bemberg esquisse une nouvelle *grâce terrestre* que l'Amérique offre à l'homme, radicalement opposée aux composantes de l'homme du Vieux Monde. L'homme nouveau refuse en effet toute solidarité avec le mal et la souffrance : celle-ci est interdite, ce qui implique que le bonheur est obligatoire. Le citoyen américain est en quelque sorte le « cadet de l'Europe, le jeune frère qui n'entend rien aux troubles de son frère aîné, lequel le toise souvent avec une haine qu'il appelle mépris[20] ».

Cette grâce terrestre qui s'est substituée à la grâce divine n'est autre que la liberté, celle dont l'Amérique va faire une tradition, voire son fondement. Mais cette liberté, pour qu'elle s'incarne, doit conduire au succès. « C'est la condition requise pour un peuple qui croit qu'il ne suffit pas d'être libre, mais qu'en outre il doit réussir. C'est le devoir que s'impose, par exemple, un type d'Américain moyen[21]. »

19. Denis de Rougemont, cité par Jean Lacroix dans *Philosophie de la culpabilité*, PUF, 1977.

20. Georges Bemberg, *L'Innocence américaine ou le Mythe d'Abel*, Sagittaire, 1848, p. 19.

21. *Ibid.*

Cet Américain moyen des années 1950, à quoi ressemble-t-il ? Il s'apparente de toute évidence à un Anglo-Saxon dont il partage la langue mais aussi une apparence nordique, *a contrario* des pays latins, et, quand bien même tous ne sont pas originaires des contrées nordiques puritaines, les nouveaux arrivants se doivent de se soumettre à un processus d'acculturation : changer de peau, d'idées, de niveau de vie : « Qu'il soit juif, slave ou latin, au bout d'un certain temps l'immigrant se dépouille de son passé, de son intelligence et des dons qui en dérivent [...]. C'est alors que l'on peut dire qu'il est parvenu à cet état de grâce terrestre qui fait de lui l'être candide et bienveillant[22]. »

C'est ensuite en sociologue[23] que Georges Bemberg décrit le rapport des *middle class* à la consommation et les représentations qu'elles se font de l'entreprise privée. L'Américain moyen n'est en rien assimilable à ce que l'on désigne en Europe sous l'emblème du bourgeois ou celui qui se désigne comme tel. Son appartenance aux classes moyennes relève de son bien-être domestique, ce qu'il est en droit de s'offrir, autrement dit ce que lui propose abondamment la publicité en plein essor : « Le *Sunday dinner*, la machine à laver le linge, le frigidaire, la TSF, la voiture, la partie de pêche et le baseball [...] sont les véritables symboles de la démocratie américaine[24]. » Il est consumériste

22. *Ibid.*, p. 37 et 47.

23. À cette époque, la sociologie en tant que discipline est encore balbutiante. L'un de ses fondateurs, Max Weber, a déjà publié l'un de ses ouvrages essentiels, *L'Éthique protestante et l'Esprit du capitalisme*, dans lequel il développe l'idée selon laquelle, avant de devenir un système économique, le capitalisme est une éthique. On peut imaginer que Georges Bemberg ait lu cet ouvrage.

24. Georges Bemberg, *L'Innocence américaine ou le Mythe d'Abel*, *op. cit.*, p. 65.

bien avant nous et ressemble, note Georges Bemberg, à ce qu'il consomme. L'auteur ne peut pas manquer de mentionner quelques-unes des pages publicitaires du *Live Magazine* ou du *Saturday Evening Post*, donnant à envier « une impeccable cuisine à l'heure du petit déjeuner, où l'on peut voir le père attablé, interrompant la lecture de son journal pour célébrer la qualité d'une farine alimentaire, que la mère va poser sur la table, à la grande joie des enfants[25] ». Mais conclut l'auteur, cet homme heureux « finit par ressembler au lait qu'il boit, et va établir avec la farine alimentaire de son petit déjeuner une entente qui nous échappe[26] ». Son éthique ne lui interdit aucune dépense parce qu'il la mérite comme la mérite son voisin, dont il ne saurait être envieux pourvu qu'il lui ressemble, bienveillance démocratique oblige. Le monde auquel il appartient est celui d'une classe moyenne souveraine telle qu'il n'en n'existe pas ou plus en Europe.

L'Américain moyen n'a pas honte de ses gains ni de ses biens, parce qu'ils sont le fruit de son travail. Seule l'inaction est désavouée : « Entre le *job* et le *fun*, l'inaction est un manque à gagner[27]. » Et si le *fun* se doit d'être en symétrie avec le *job*, point n'est besoin d'être milliardaire. « Là où l'aisance suffit, l'élégance est désuète ; l'argent est aussi essentiel que les milliards sont accessoires. Une fortune gigantesque, vraisemblable aux États-Unis, est contraire

25. *Ibid.*, p. 49.
26. *Ibid.*, p. 65.
27. Georges Bemberg, *Journal atlantique*, *op. cit.*, p. 65.

à l'esprit de l'Américain prospère et puritain pour qui *the American Dream*, le rêve américain, est une espérance de classe moyenne[28]. »

On l'aura compris, l'Américain se doit d'être heureux et il le cherche dans le bien. Il ne s'agit pas d'un bonheur dans l'absolu, d'une félicité spontanée ou d'une béatitude. Ce *happyness* désigne davantage le succès ou toute autre forme de prospérité : « C'est un devoir d'être heureux ainsi, car c'est l'occasion qu'accorde la liberté. Il faut donc savoir en profiter[29]. » C'est un conformisme du bonheur car, à défaut d'éprouver le bonheur, il faut tâcher au moins de le paraître en le matérialisant. Cette bienveillance heureuse, la famille se doit de la transmettre à ses enfants, y compris en développant leur aspiration à l'émancipation. Aller en bande au cinéma après ou avant un passage au *drugstore*, devenir intime avec le fils du voisin (lequel à 16 ans hérite de la Ford de sa mère), construire des petits avions sur le modèle des grands avions de combat, etc. « C'est à cette époque que l'Américain moyennement doué prête serment tacite à un genre de vie qu'il partage avec ses camarades [...] d'individu bien équilibré, d'ailleurs vigoureux, aimant le sport et ne faisant pas montre de ses idées[30] », construction que les années passées à la *high school* achèveront d'intérioriser. Les filles, quant à elles, ne seront pas en reste et n'attendent pas nécessairement

28. *Ibid.*

29. *Ibid.*

30. Georges Bemberg, *L'Innocence américaine...*, *op. cit.*, p. 54.

d'être mariées pour s'émanciper. Il est d'ailleurs difficile de se déshabituer d'être jeune. Le père conserve aisément un zeste d'adolescence qu'il partagera avec son fils, tandis que la mère a un rôle plus ingrat car elle risque de devenir la mère et de son mari et de son fils. Quant aux loisirs et aux consommations culturelles, si la famille est peu encline aux productions intellectuelles et s'en méfie même souvent tant elles risquent de remettre en question ce à quoi on est attaché, en revanche, on l'a vu, elle plébiscite tout ce qui est à même de l'amuser, ce que lui offrent la plupart des spectacles de Broadway ou à défaut les films comiques.

À lire ce portrait que dresse Georges Bemberg des *middle class* américaines, celles davantage des moyennes villes que de New York, on pourrait se demander s'il ne s'agit pas du regard snob d'un personnage cosmopolite issu des cultures élitistes. Ce serait se méprendre. Georges Bemberg aime cette Amérique-là, au point même de l'intégrer en s'essayant lui-même à cette culture des pièces comiques typiquement anglo-saxonnes. Par ailleurs, il est tout à fait sensible non seulement aux innovations du jazz et à bon nombre de films que produit Hollywood, mais aussi à « l'intérêt prodigieux qu'éveillent dans les grandes villes américaines les expositions de peinture et les programmes de musique. Les musées sont pleins. Les salles de concert débordent. [...] Et dans aucun pays du monde l'enseignement de la musique n'est aussi bien organisé[31] ».

31. *Ibid.*, p. 155.

De même, on pourrait s'interroger, lorsqu'il s'identifie si volontiers à la culture anglo-saxonne et prend en considération les critères physiques qui la caractérisent, sur ses propres sentiments vis-à-vis de l'étranger, qu'il soit noir, juif ou polonais... Même s'il utilise le mot « nègre », non toléré désormais par le politiquement correct, on ne peut en aucun cas soupçonner Georges Bemberg d'un quelconque ressentiment raciste, bien au contraire. S'il reconnaît que la politique d'immigration ne peut se faire aux États-Unis que par leur assimilation totale aux normes de cette Amérique souveraine, il n'établit quant à lui aucun préjugé à « l'endroit d'individus plus foncés ». Et à ce titre, il rappelle les torts des empires coloniaux, qu'il s'agisse des pays d'Amérique du Sud, d'Afrique et d'Asie, où « ce sont les Indiens, les Nègres et les mulâtres qui servent les princes ou d'autres dignitaires à peau brune[32] ».

Malgré quelques-uns de ces travers qu'il met en avant dans ce livre sur « l'innocence américaine », son conformisme notamment, Georges Bemberg aime vivre dans ce pays, ne serait-ce que pour la liberté qu'il offre. « On se sent plus libre de vivre, dit-il, dans un continent délesté de l'histoire. C'est ce que l'on ressent à Genève, en provenance de Lyon[33]. » En réalité ce qu'il goûte tout particulièrement dans sa vie new-yorkaise, c'est cette sorte de « *privacy* des Anglo-Saxons[34] ». Mais il ne saurait demeurer à New York

---

32. *Ibid.*
33. Georges Bemberg, *Journal atlantique*, *op. cit.*, p. 9.
34. *Ibid.*, p. 59.

sans relâche : « Soudain l'Europe m'appelle, dit-il, avec ses caps dentelés et ses bastions muets. Je recule. J'hésite. Réserve anglaise, simagrée parisienne, morgue castillane[35]. » Et quand bien même il hésite, les siens le rappellent à l'ordre. « M'auraient-ils démasqué. Étrange que la voix des miens soit si claire à l'heure même où je risque de ne plus l'entendre. [...] Mais de loin ils revendiquent une présence qui leur échappe. Ils évoquent une voix collégienne de *kyrie* qui date de l'espérance ou de cette époque qui précède le grand déblayage[36]. »

35. Georges Bemberg, *Mal du Sud*, *op. cit.*, p. 58.
36. *Ibid.*

La lecture encore et toujours...

Dès son plus jeune âge, la lecture fut l'un des plus grands plaisirs de Georges Bemberg. Il fut bilingue dès sa plus jeune enfance, et on peut compter sur la bonne volonté de sa gouvernante – telle Miss Mary[1] – pour avoir su lui faire apprécier les aventures de *Peter Rabbit* ou du *Petit Lord Fauntleroy*, de telle sorte qu'après les contes espagnols, les récits d'aventure français, l'enfant put très vite goûter tout autant à la littérature anglo-saxonne. L'un des grands souvenirs de son enfance à Paris, qu'il évoquait avec une émotion toujours présente, avait trait à l'autorisation qui lui avait été faite de se rendre seul aux Galeries Lafayette pour y acheter un livre – peut-être l'un des récits d'Hector Malot, qu'il ne peut pas ne pas avoir lu. Son goût immodéré pour la lecture, pour les livres neufs et anciens comme pour la littérature dans son ensemble, et encore davantage pour la littérature comparée dont Harvard lui a fourni les outils d'analyse, le poursuivra jusqu'au bout. Certes, il aime flâner dans les avenues de

1. Héroïne du film de María Luisa Bemberg (1986) qui met en vedette avec beaucoup d'humour la gouvernante qui s'occupait de la fratrie Bemberg.

New York, y compris par grand froid, mais combien les fins de journée sont heureuses avec un livre entre les mains : « Affalé dans un divan de cuir noir, avec toujours cette même envie de lire, de déchiffrer, importuné de temps à autre par tout le bruit qu'on ne fait pas[2]. » Et puisqu'il ne saurait être question de n'habiter qu'à New York, force lui fut faite de se trouver à Paris un lieu où résider avec autant de plaisir. Ce ne pouvait être dans les quartiers où habitaient les siens, beaucoup trop paisibles et ennuyeux malgré l'avantage de la proximité de Bagatelle où il aimait tant se rendre. La flânerie et la lecture... Le quartier pour lequel il opte est celui des intellectuels, celui des libraires, celui des cafés littéraires : le quartier Saint-Germain-des-Prés, qui jouxte le quartier Latin.

La rue du Dragon, une rue pour les artistes et les poètes

« Habiter une maison qu'on aime, plutôt que l'aimer parce qu'on y vit[3]. »

L'immeuble que se choisit Georges Bemberg à Paris en 1964 est le fruit d'une décision toute personnelle qui va à l'encontre de la désapprobation de sa mère, surprise que son fils puisse se résoudre à habiter une rue qui lui semble si insalubre. Il s'agit de la rue du Dragon, une petite

2. Georges Bemberg, *Journal atlantique*, *op. cit.*, p. 116.

3. *Ibid.*, p. 44.

rue vivante, où s'était établie en 1866 l'Académie Julian qui accueillit jusqu'en 1936, dans ses ateliers, de nombreux artistes, parmi lesquels Alfons Mucha, Félix Vallotton, Paul Sérusier, Maurice Denis, Édouard Vuillard... Autant de peintres dont Georges Bemberg apprécie tant les toiles... Fermée pendant la guerre, l'école rouvre ses portes en 1959 sous son appellation actuelle – l'école Penninghen –, où se succéderont ces grands artistes qu'ont été Jacques Majorelle et Henry Van de Velde, Jean Arp et François-Xavier Lalanne. Très innovante, l'école s'ouvre de plus en plus à d'autres registres artistiques : le cinéaste Fritz Lang et le photographe Jacques-Henri Lartigue ont été formés rue du Dragon[4].

La rue débute boulevard Saint-Germain pratiquement en face du café les Deux Magots qui, dès les années 1930, deviendra un lieu de rendez-vous des artistes et des intellectuels : Elsa Triolet, Aragon, Gide, Picasso, Hemingway... De même, les surréalistes sous l'égide d'André Breton et les existentialistes autour de Sartre et de Beauvoir en feront successivement leur quartier général. Autrement dit, la rue du Dragon se situe au cœur même de la vie littéraire et, avant même que Georges Bemberg n'y habite, y ont résidé d'autres écrivains : Roger Martin du Gard (prix Nobel) au n° 10, Camille de Sainte-Croix au n° 18, Victor Hugo en 1821 au n° 30 et Jean Giono, qui avait élu domicile à l'hôtel du Dragon entre 1929 et 1937 ! Georges Bemberg, quant à lui, a acheté l'immeuble du n° 20 et ne dépare donc pas dans cette rue, où aux dires de sa mère pullulaient les rats !

4. *Cf.* penninghen.fr

Assez courte, la rue débouche ensuite quasiment face au théâtre du Vieux-Colombier, qui lui aussi depuis 1913 a acquis ses lettres de noblesse. Il se situe à quelques pas de l'église Saint-Sulpice où se rendra souvent Georges Bemberg pour y écouter le jeu de l'orgue Cavaillé-Coll. Dans ce quartier historique qui s'est maintenu si vivant, l'hôtel particulier que choisit d'investir Georges Bemberg lui permet néanmoins de sauvegarder la tranquillité qui lui est absolument nécessaire pour se consacrer à ses lectures et ses écrits, recevoir ses amis plus nombreux qu'il n'en a à New York... Si la façade de l'immeuble, qui se dresse sur trois étages, donne bien sûr sur la rue, une assez belle cour à l'arrière, ornée abondamment d'hortensias, apporte le calme nécessaire aux pièces qui donnent sur cet espace frais et harmonieux.

On entre dans cette cour dans laquelle se présente, tout de suite à gauche, un escalier tapissé de rouge, quelque peu théâtral, qui donnait accès à ses appartements : un salon assez vaste. Il y a un second escalier, en colimaçon, beaucoup plus modeste, qui quant à lui permettait de pénétrer dans un petit espace, l'antre qu'il se réservait, entouré sur les quatre murs de ses livres.

« Ce vice impuni, la lecture[5] »

L'intitulé est ici emprunté à Valéry Larbaud, cet écrivain poète, essayiste, dont on peut imaginer que Georges

5. Valéry Larbaud, *Ce vice impuni, la lecture.* Domaine anglais, Albert Messein, 1925.
Valéry Larbaud, *Ce vice impuni, la lecture.* Domaine français, Gallimard, 1941.

Bemberg se sentit si proche. Né comme lui d'une famille très fortunée, il parle aisément plusieurs langues, aime passionnément voyager pourvu que ce soit dans le confort, et s'initie avec talent à de nombreux genres littéraires, y compris son journal intime. Rien d'étonnant ainsi à ce que le nom de cet auteur surgisse dans les premières pages du *Journal atlantique* à l'occasion d'un voyage en wagon-lit : « Ce matin à l'aube, comme le train s'ébranlait de Dijon, je me réveille en sursaut. "Comme je suis heureux !" Être heureux en wagon-lit sans savoir au juste pourquoi, et je n'avais pas encore lu *Barnabooth* de Larbaud ![6]. » Feuilleter le *Journal atlantique*, qui, comme le reconnaît son auteur, est bien moins un journal qu'un « amas de notes », permet très vite de prendre la mesure de l'incroyable éclectisme de ses goûts littéraires, qu'il s'agisse de poésie, d'essais, du roman ou d'écrits philosophiques ou scientifiques. S'il a lu les grands classiques ainsi que l'ont nécessité ses études à Harvard, il ne cache guère une certaine addiction aux polars américains. De même, s'il s'intéresse très tôt aux mouvements littéraires tant français que sud-américains, il s'épanouit et s'investit avec la même ferveur dans les comédies américaines, telles que les produit Broadway.

Tenter de mentionner les auteurs auxquels il fait référence est chose impossible tant ils sont nombreux, présents quelques fois juste à propos de quelques mots qui lui ont donné à réfléchir, cités pour la hardiesse d'une pensée ou critiqués (plus rarement). Certains noms ressurgissent

6. Georges Bemberg, *Journal atlantique*, *op. cit.*, p. 12.

en plusieurs endroits, ne serait-ce que parce qu'il ne se contente pas de lire, il relit. C'est le cas de toute évidence de James Joyce, à qui il voue un culte malgré les difficultés qu'il rencontre à la lecture d'*Ulysse*, comme il l'avoue avec franchise : « Je vais acheter *Ulysse* que je commence à lire tous les dix ans pour m'arrêter toujours au même endroit. Toutes les fois que je me procure cet ouvrage, je déniche aussi les derniers polars qui me servent de prétexte pour remettre à plus tard la lecture d'*Ulysse*. C'est ne pas connaître James Joyce que de n'avoir lu que *Gens de Dublin* et *Portrait de l'artiste en jeune homme*. Un lecteur érudit jamais n'admettra que la lecture de Joyce est difficile[7]. » Aride, la lecture d'*Ulysse* l'est pourtant indéniablement. Cette œuvre majeure de l'un des auteurs les plus adulés du XXe siècle s'est distinguée par l'intégration dans la fiction de certains épisodes précis du vécu de son auteur. *Ulysse* est une œuvre complexe dans laquelle James Joyce fait montre de sa passion pour la grammaire comparée. Cet ouvrage peut être considéré, à ce titre, comme un roman expérimental. Chacun des épisodes est traité selon une technique propre à un certain registre discursif : théâtral, journalistique, médical, scientifique, etc. Les deux personnages principaux se livrent à un monologue intérieur – ce *stream of consciousness* qui en fait l'originalité – alors même que l'action se situe un 16 juin 1904 à Dublin entre 8 heures du matin et 3 heures de la nuit qui suit. Il faudra le talent et la hardiesse stylistique et linguistique de Valéry

7. *Ibid.*, p. 109.

Larbaud pour en superviser la traduction et introduire James Joyce dans le Tout-Paris littéraire.

Certains noms interpellent aussi, ne serait-ce que du fait de l'enthousiasme avec lequel ils sont cités. Il en est ainsi de la romancière Jean Rhys, dont il commente le dernier ouvrage *Voyage in the Dark*, son plus beau livre, dit-il : « Une enviable réussite. J'aurais pu le lire d'une haleine, mais je voulais m'arrêter toutes les cinquante pages pour reprendre une phrase. Peu d'écrivains ont à ce point simplifié la langue anglaise et, pour notre plus grand plaisir, la rajeunir[8]. » Jean Rhys est une écrivaine britannique née aux Antilles en 1890. Impressionnée par les coutumes et les croyances religieuses de la communauté noire des Caraïbes au sein de laquelle elle a passé toute son enfance, elle exprime les difficultés que peuvent ressentir des femmes coupées de leurs racines. Une thématique dont on peut s'attendre en effet à ce qu'elle ait été à même d'intéresser Georges Bemberg, sensibilisé lui-même au processus d'intégration auxquels les émigrés sont soumis. L'empathie se fait présente à la lecture de ce *Voyage dans les ténèbres*[9] que donne à partager Jean Rhys avec tant de talent. À ce nom il convient d'ajouter T. S. Eliot, W. H. Auden, Virginia Woolf dont la lecture l'envoûtait, et tant d'autres...

Les auteurs français sont évidemment tout aussi présents. Tout d'abord, il y a les francs-tireurs bien-aimés, Baudelaire et Arthur Rimbaud qu'il lit et relit : « Je relis

8. *Ibid.*, p. 59.
9. Jean Rhys, *Voyage in the Dark*, Constable Press, 1934.

la *Lettre du voyant*. Envoûtement, fétichisme ; se procurer des lettres de Rimbaud, des photos, humer ses manuscrits. Je reprends Baudelaire en quête du germe qui annonçait Rimbaud[10]. » En fait, il ne s'agit pas d'une mais de deux lettres qu'écrivit Arthur Rimbaud en mai 1871 et qui furent par la suite intitulées ainsi. Dans ces deux missives, Rimbaud exerce son esprit critique vis-à-vis de la poésie occidentale depuis l'Antiquité et se prononce en faveur d'une nouvelle approche poétique. Ces lettres littéraires, parues respectivement en 1912 et 1928, incluent des poèmes, « Le cœur supplicié », notamment dans la première d'entre elles, et ont fait l'admiration des surréalistes, qui les ont amplement commentées. C'est dans ces deux lettres qu'apparaît la formule qui a eu tant de retentissement : « *Je* est un autre[11]. »

Parmi ceux qui ont été également lus avec une certaine dévotion figure, on l'a vu, André Gide, de loin son aîné qui, tout au long de sa vie, a tenté de se démarquer de l'éthique bourgeoise dans laquelle il avait été élevé au risque de se brouiller avec les siens. Comme pour tout un chacun, l'un des principaux ressorts de la lecture est la dynamique du processus de projection qu'elle suscite. On ne saurait mentionner ici le nom de Gide sans le rappeler, de même lorsqu'il s'agit de Henry de Montherlant, dont la lecture et le personnage interpellaient sur certains points Georges Bemberg. Le suicide

---

10. Georges Bemberg, *Journal atlantique*, *op. cit.*, p. 45.
11. *Cf.* Wikipedia.

chez les auteurs de cette génération est un thème récurrent, qu'il s'agisse de Drieu la Rochelle, Montherlant ou encore Malraux. Georges Bemberg, pour qui les thématiques du choix de la solitude et de la mort sont si présentes dans les réflexions, ne pouvait être indifférent à ces grands écrivains qui ont traversé l'entre-deux-guerres, l'horreur du conflit mondial et les turpitudes des convictions idéologiques partisanes. « Il y a dix ans exactement, Montherlant se donnait la mort. Le professeur Delay concédait qu'il était un dépressif ; ainsi que l'atteste son visage navrant, sur la couverture de ses *Œuvres complètes* en Pléiade. Avait-il jamais daigné se soigner ? Hormis son goût du risque, l'écriture semble avoir été le dérivatif efficace[12]. » Et de poursuivre ainsi sa réflexion la page suivante : « Hughes de M., vitriolé, perd la vue sans perdre courage. Borges depuis vingt ans assume sa cécité. Montherlant se donne la mort lorsqu'il devient aveugle ; parce que c'était aussi l'occasion de mettre à exécution un acte prémédité de longue date[13]. » Et de conclure en s'appuyant sur la pensée philosophique d'Épictète : « Il s'agit en somme de lâcher prise pour ne plus souffrir ; accepter ce qui ne dépend pas de nous : "Que m'importe alors la manière dont je passe par l'étouffement ou par la fièvre ? Il faut bien une chose de ce genre pour m'en aller… Que t'importe la voie par laquelle tu entres dans l'Hadès.

12. Georges Bemberg, *Journal atlantique*, *op. cit.*, p. 53.

13. *Ibid.*, p. 54.

Elles se valent toutes"[14]. Mourir d'un cancer ou d'un arrêt du cœur – qui ne dépend pas de nous – revient au même. » Toutes raisons désormais plus vraisemblables que l'étouffement ! Et de sourire avec indulgence à la lecture de l'une des figures du Nouveau Roman : « Nathalie Sarraute parle de la mort comme une petite fille qui a toute sa vieillesse devant elle[15]. »

D'une langue l'autre

« La langue française dispense d'en savoir d'autres[16]. »

Peut-on imaginer plus grand compliment à l'endroit d'une langue de la part d'un lecteur-auteur qui peut se permettre d'en pratiquer parfaitement ne serait-ce que trois – le français, l'espagnol, l'anglais – et d'en apprécier les qualités intrinsèques ? La lecture, chez Georges Bemberg, ne saurait s'accomplir sans qu'elle ne donne lieu à une réflexion sur la langue qu'emploie le texte et la dextérité de son auteur dans son usage. Lire est une chose, analyser la structure d'un texte et à travers lui celle d'une langue en est une autre. Il semble que, chez Georges Bemberg, les deux exercices soient inséparables. Et l'analyse se complexifie dès lors qu'il s'agit d'apprécier les qualités

14. *Ibid.*

15. *Ibid.*, p. 60.

16. *Ibid.*, p. 85.

de telle ou telle langue – le français, l'anglais, etc. – au regard du contenu du texte. C'est tout l'art de la littérature comparée.

Si l'on peut considérer que la langue française convient particulièrement bien au lyrisme, comme les langues latines en général, l'anglais de toute évidence s'adapte mieux aux modes culturels d'aujourd'hui et, pour quiconque en possède l'usage, le risque est grand qu'il ne colonise tout autre langage. C'est ce que constate Georges Bemberg dès lors qu'il se retrouve aux États-Unis : « Je ne suis à New York que depuis cinq jours et déjà mon vocabulaire s'appauvrit. Je ne suis plus du tout sûr de mes mots. Je manque de précision, de clarté. Je traduis de l'anglais. De toute évidence, c'est l'anglais, langue de voyage, qui l'emporte spontanément. Ses formules toutes faites conviennent davantage à mes déplacements[17]. » Et de fait, si la langue anglaise s'est prêtée aux plus grands de la littérature – Shakespeare pour ne citer que le *number one* ! –, elle a été aussi la pionnière des échanges commerciaux, et l'extension de son usage s'est accompagnée de son appauvrissement, celui orchestré par les médias comme celui, forcé, des migrants. « Cette langue de confection qu'est devenu l'anglais, à plus forte raison l'américain, s'apprend vite pour de bon. Il suffit de monter dans un avion ou d'aller au cinéma (v.o.) car avec ses films Hollywood s'est avéré plus impérialiste que l'Angleterre au XIXe siècle ou les États-Unis après 1900.

17. *Ibid.*, p. 64.

Il est plus facile d'apprendre l'anglais au cinéma que dans un lycée l'allemand ou le russe[18]. » Et, ajoute-t-il, « les anglicismes deviennent des barbarismes qui dispensent d'apprendre l'anglais ». Peut-être était-ce là la raison qui justifiait le refus de Saint-Exupéry de prononcer un mot d'anglais, à moins que l'anglais, comme pour tant d'autres Français de cette époque, ne lui soit par trop étranger au point de le terrifier à l'idée d'y avoir recours : « Il avait griffonné, s'amuse à le raconter Georges Bemberg, son adresse sur un bout de papier à l'usage des chauffeurs de taxi par peur d'avoir à s'exprimer dans une langue étrangère[19]. »

Néanmoins la langue anglaise peut se prêter à de multiples nuances littéraires qu'il se plaît à décrypter chez Jean Rhys, dont on a vu à quel point il avait apprécié le dernier ouvrage qu'il avait lu d'elle. Il reprend à son propos cette réflexion de Jouhandeau sur la question du ton : « Les mots sont à tout le monde, les sujets ne s'inventent pas de toutes pièces et les idées ne sont à personne. Le ton est la part inaliénable, inimitable de chacun ! » « C'est le ton qui m'apparaît si évident dans les ouvrages de Jean Rhys, dans *After leaving* Mr *Mackenzie*[20]. » Il remarque que de manière générale le ton est ce qui fait le plus souvent défaut chez un auteur étranger d'expression française. « Langue innée ou langue apprise ;

18. *Ibid.*

19. *Ibid.*, p. 53.

20. *Ibid.*, p. 46.

un vide entre les deux, plus béant en français qu'en anglais. L'étranger ayant vécu toute sa vie à Paris s'exprime comme un Français, sans accent, avec une propriété trop exacte des termes qui indique qu'il n'est pas français[21]. »

Malgré les conseils que lui prodigua son ami Alexis Léger, plus connu sous son pseudonyme Saint-John Perse, de donner la préférence au français, dont il estimait qu'il convenait mieux à son style narratif, et de ne surtout pas céder à la mode, Georges Bemberg ne put résister à la tentation. Il n'a pu se résigner à n'utiliser que le français alors même qu'il vivait une grande partie de son temps aux États-Unis. « J'avais dispersé mes efforts en écrivant un livre en anglais. Léger[22] m'avait découragé d'écrire en deux langues : "Comment voulez-vous ? C'est impossible." Mais possible », réplique Georges Bemberg en citant Joseph Conrad, Valéry Larbaud, Ezra Pound, Cioran, Paul Morand, Vladimir Nabokov. De fait, l'un des ouvrages majeurs qu'a publié en français Georges Bemberg, *L'Innocence américaine ou le Mythe d'Abel*, en 1948 aux Éditions du Sagittaire, l'a été quelque vingt ans plus tard en anglais chez l'éditeur Vantage Press à New York sous le titre *The American Abel and his Brother Cain*.

Mais il ne faudrait pas croire que cette attention exigeante vis-à-vis des structures de la langue fasse de Georges Bemberg, auteur lui-même, un censeur rigoriste. Bien au contraire, il était ouvert, en poésie comme dans

---

21. *Ibid.*
22. Le véritable nom de Saint-John Perse.

le domaine du roman, à toutes les formes expérimentales à même de mettre en valeur un texte au regard de la personnalité de son auteur. Alors même qu'il écoute Marguerite Duras interrogée par Bernard Pivot, il note son malaise et sa difficulté à lui répondre malgré les encouragements qui lui sont apportés. Mais dès qu'il s'agit de son roman *L'Amant*, qu'il a lu, il ne masque pas son admiration pour elle : « Au diable la syntaxe ! Car elle réinvente pour s'exprimer dans la langue qui est la sienne. Ce qu'elle écrit ne saurait être dit autrement. Tout est bien ainsi[23].». Oui, Georges Bemberg fut un lecteur incroyablement éclectique et d'une grande curiosité, ce qui lui a permis tant de découvertes.

Dans son quartier de la rue du Dragon, l'un de ses plaisirs favoris était de se rendre à pied à la librairie Gallimard, à une dizaine de minutes, pour balayer des yeux les rayonnages de livres. Et chose curieuse, son regard s'arrêtait ostensiblement à la lettre H ! : « Qu'est-ce donc qui me pousse à m'enfoncer dans les romans de Thomas Hardy[24], du moins à me les procurer ? Chez Gallimard, où je suis attiré par le rayon des auteurs dont le nom commence par un H, c'est Hardy que je cherche, invinciblement. Ouvert au hasard *The Return of the Native*, 485 pages en petits caractères. Néanmoins, j'achète le livre et le range dans ma bibliothèque. Hardy me fait penser à Helen Harding, une gouvernante à Harvard,

23. Georges Bemberg, *Journal atlantique*, *op. cit.*, p. 71.

24. Thomas Hardy, poète et romancier anglais (1840-1928).

à Harold, son cousin, à Harvard ; c'est le radical "Har" qui me fascine, ainsi que tous les mots anglais qui commencent par un H[25]. » N'y aurait-il pas chez Bemberg un soupçon de jeu oulipien à la Queneau[26] en confiant au hasard ses jeux fantaisistes dans le choix de ses livres ?

25. Georges Bemberg, *Journal atlantique*, *op. cit.*, p. 89.

26. Raymond Queneau est considéré comme l'initiateur du groupe littéraire Oulipo (Ouvroir de littérature potentielle) de la moitié du XXe siècle. Ce mouvement auquel Georges Perec appartenait aussi se plaisait à se donner des contraintes, celles du hasard, afin de se défaire des automatismes dans le contexte de l'écriture, et pourquoi pas dans celui de la lecture ?

L'œuvre littéraire

« Il me suffit que mes journées soient riches et heureuses. Faut-il encore que je m'efforce de finir mon "œuvre"[1]. »

Cette phrase qu'écrit Georges Bemberg dans le *Journal atlantique* au titre de l'année 1986 interpelle, en premier lieu par la modestie des guillemets qui entourent le mot œuvre en le minorant, en second lieu du fait de cette date tardive à partir de laquelle, en effet, ses publications ne seront plus guère que des rééditions mais qui, pour autant, exigeront de lui une grande attention. La mise entre guillemets n'est pas anodine, elle s'accompagne d'un brin de dérision. L'auteur poursuit son propos en commentant à Peter Watson[2] sa dernière visite à l'éditeur Julliard : « Le mot "œuvre" revenait sans cesse sur ses lèvres : Faire une œuvre, s'occuper de son œuvre, laisser une œuvre ! Et Peter éclata de rire : "Vous imaginez un Anglais parlant de son œuvre !"[3]. »

Il est extrêmement difficile de situer dans le temps et dans l'espace les multiples publications – poèmes en

---

1. Georges Bemberg, *Journal atlantique*, *op. cit.*, p. 88.
2. L'un des fondateurs de la revue *Horizon*.
3. Georges Bemberg, *Journal atlantique*, *op. cit.*

prose, essais, nouvelles, journal… – qui sans aucun doute esquissent une œuvre, même si celle-ci demeure modeste en volume, d'une part parce que plusieurs de ses nouvelles ont d'abord été publiées dans des revues dont il est difficile de retrouver les numéros précis, pour être ensuite rassemblées dans des ouvrages publiés chez un éditeur, d'autre part parce qu'il ne mentionne jamais le lieu où il les écrit. En fait, on peut prendre en considération deux grands moments de sa vie où il fut productif : le premier, celui des années 1950, qui correspondent aux années où il vit principalement entre New York et Buenos Aires, le second dans les années 1970, où il se partage entre Paris, où il vient d'acheter la rue du Dragon, et New York, où il continue à se rendre si souvent. Mais rien ne permet d'identifier ces périodes de manière rigoureuse, car les détails qu'il porte dans le *Journal atlantique* à propos de ses publications ne correspondent pas nécessairement aux tranches annuelles dans lesquelles elles sont mentionnées ; elles peuvent figurer ici ou là à titre de souvenirs.

La première période, même si elle correspond plutôt à sa vie aux États-Unis, ne permet pas de penser pour autant qu'elle fut écrite à New York car, selon lui, il était quasi impossible d'écrire dans cette ville qui le fascinait : « Écrire à New York est une gageure impossible à tenir pour celui dont les murs retentissent encore des échos d'une fête. Convive rêveur, isolé de ceux qui s'amusent à très haute voix pour commettre l'acte privé et singulier de l'homme qui écrit. […] Infraction du solitaire qui écrit à l'écart de la fête[4]. » Mais semble-t-il, le lieu idéal pour écrire est difficile à trouver. Seuls les lieux anonymes semblent convenir, dit-il : « Il m'est difficile de travailler dans une pièce où les photos, les diplômes, les reliures, les objets d'art sont faits pour me distraire. Je n'arrive pas à me concentrer dans un ensemble qui s'oppose à ce que j'écris. C'est dans une salle de bureau quelconque ou dans une chambre d'hôtel que je me sentirais le plus apte au travail[5]. »

Victoria Ocampo et la revue *Sur*

Les écrits des années 1950 sont sans aucun doute à relier aux cercles littéraires avec lesquels il est en relation. C'est de toute évidence le cas du cercle d'amis qui gravite autour de sa cousine Victoria Ocampo, qui certes est une cousine fort éloignée puisque ce cousinage remonte à la génération de l'arrière-grand-père de Georges. C'est en effet Otto Peter Friedrich Bemberg qui a épousé en 1850 María Luisa Ocampo ! Mais les deux familles sont demeurées d'autant plus proches que la villa Ocampo se situe à San Isidro et la villa Victoria à Mar del Plata. Comme dans toutes les grandes familles patriciennes de Buenos Aires, Victoria Ocampo maîtrise dès l'enfance le français, l'espagnol et l'anglais. À l'occasion d'un séjour en France lorsqu'elle a 18 ans, elle suit les cours au Collège de France et à la Sorbonne, et se passionne pour la littérature et la

4. Georges Bemberg, *Mal du Sud*, *op. cit.*, p. 60.
5. Georges Bemberg, *Journal atlantique*, *op. cit.*, p. 40.

philosophie. Alors même qu'elle se marie à 22 ans, elle s'émancipe très vite et noue de nombreuses relations dont certaines vont avoir une influence décisive sur ses orientations littéraires. Si ses premiers écrits sont en français – *Le Rameau de Salzbourg*[6] –, José Ortega y Gasset la convainc de faire de l'espagnol sa langue littéraire. Le poète indien Rabindranath Tagore, Pierre Drieu la Rochelle, Jorge Luis Borges, Waldo Frank, Walter Gropius, deviennent ses amis proches et les premiers auteurs à figurer dans les pages de la revue *Sur* qu'elle fonde en 1931. La revue, la première de cet ordre en Amérique latine, remporte dès le premier exemplaire, diffusé en Argentine, Paris et Madrid, un succès foudroyant. Très féministe et d'une trempe peu banale, Victoria Ocampo se déplace beaucoup en Europe et aux États-Unis, et invite chez elle de nombreuses personnalités de renom. En 1939, elle invite Roger Caillois, dont Jean Paulhan lui a beaucoup parlé à propos du collège de sociologie qu'il anime à Paris. Celui-ci a pour mission d'assurer en Argentine une tournée de conférences qui, du fait de l'éclatement de la guerre, le contraindra à y demeurer jusqu'en 1945.

Une correspondance s'instaure entre Victoria Ocampo et Roger Caillois, tout à la fois amoureuse, frondeuse, critique, qui se poursuivra sur près de quarante ans tant leur amitié demeurera intense.

---

6. Victoria Ocampo, *Le Rameau de Salzbourg*, Bartillat, 2008.

Très peu de temps après son arrivée, Georges Bemberg a l'occasion de rencontrer celui-ci. « Dans mon agenda du 4 août 1939, il est question d'un cocktail offert par V. O. en l'honneur de la Comédie-Française en tournée à Buenos Aires. Il s'y trouvait un jeune homme bègue et timide, d'une espièglerie qu'il étouffait d'un sourire ; c'était Roger Caillois, un agrégé de grammaire que Victoria avait invité en Argentine pour y donner des conférences. C'était d'évidence son nouveau protégé[7]. » Le jeune homme en question, de tout juste deux ans l'aîné de Georges Bemberg, malgré son léger bégaiement est déjà extrêmement brillant. Diplômé de l'École nationale supérieure de la rue d'Ulm (ENS), Roger Caillois noue dans un premier temps des amitiés avec les surréalistes Paul Éluard, Max Ernst, Aragon et collabore dès 1935 à *La Nouvelle Revue française* (NRF). Il publie un article sur Dionysos dans la revue *Acéphale* de Georges Bataille. À son retour en France, il anime chez Gallimard la collection « La Croix du Sud », spécialisée dans la littérature sud-américaine, dans laquelle il publiera des nouvelles de Jorge Luis Borges et, parmi tant d'autres, Pablo Neruda, Miguel Ángel Asturias et… Georges Bemberg. L'un et l'autre se lient en effet d'une profonde amitié et c'est lui le premier qui encourage sérieusement Georges Bemberg à écrire. Ce que celui-ci lui a donné à lire l'enchante littéralement. Il en vante d'ailleurs les mérites à Victoria Ocampo dans l'une des lettres qu'il lui adresse le 30 mai 1947 : « J'ai vu le petit Bemberg. Il m'a remis

7. Georges Bemberg, *Journal atlantique*, *op. cit.*, p. 135.

un poème sur l'Argentine, genre Saint-John Perse, je dois dire assez réussi : le premier Saint-John Perse, celui, plus simple, de "Pour fêter une enfance[8]"[9]. » On peut s'étonner du qualificatif « petit » alors même que Roger Caillois et son jeune ami ont respectivement 34 et 32 ans, mais l'écart entre eux en termes de maturité et de reconnaissance est grand. Alors que Georges Bemberg en est à ses premiers essais littéraires, Roger Caillois a déjà derrière lui des ouvrages – *Le Mythe et l'Homme* (1938), *L'Homme et le Sacré* (1939) – qui font encore aujourd'hui sa réputation dans le domaine des sciences sociales.

Il est probable que l'essai que mentionne Roger Caillois à Victoria Ocampo fait partie de cette première série de poèmes en prose qui évoquent son enfance en Argentine. L'un d'entre eux – « Fils du pays » – est d'ailleurs publié dans le n° 3 des *Cahiers de la licorne* que la poétesse Susana Soca fonde à Paris en 1947. Le nom de Georges Bemberg y figure aux côtés, entre autres, de Robert Musil, René Char, Roger Caillois. La même année, ces différents poèmes seront regroupés – « Fils du pays », « Monsalvo et l'amateur de cartes », « Mal du Sud » – dans un même volume édité à Paris par Paul Morihien qui fut le principal éditeur de Cocteau. Plus tardivement, ce sera André Delmas qui publiera en 1984 le texte que Georges Bemberg écrit à la suite du décès de ses parents – *Le Retour au pays* – dans la revue *Le Nouveau Commerce*.

8. Saint-John Perse, « Pour fêter une enfance », *Éloges*, *La Nouvelle Revue française*, n° 30, 1911.
9. Georges Bemberg, *Journal atlantique*, *op. cit.*, p. 135.

Fils du pays, suivi de Monsalvo et l'amateur de cartes, suivi de Mal du Sud, l'appartenance au réalisme magique

Cette série de textes assez courts est une pure merveille qu'on ne peut se lasser de lire. D'une très grande poésie, même si les textes sont en prose, l'évocation de la terre natale, sans nostalgie excessive, rend présentes, avec une grande liberté narrative, la force et la magie de ces terres du Sud telles qu'un enfant peut les vivre.

Il semble évident que Georges Bemberg, dans ces premières expériences littéraires, fut influencé par ce qui fut dénommé le « réalisme magique ». Cette appellation est introduite en 1925 par le critique d'art allemand Franz Roh pour rendre compte, dans le domaine de la peinture, des éléments perçus comme magiques contrastant avec leur environnement défini comme réaliste (historique, géographique, social, etc.). La présence d'écrivains sud-américains à Paris, Jorge Luis Borges notamment, a contribué à l'appropriation de ce terme dans la littérature latino-américaine pour désigner un courant cherchant à représenter les aspects magiques de la banalité. Plusieurs d'entre eux s'en réclamèrent ouvertement tels Miguel Ángel Asturias, qui sera prix Nobel en 1967, Adolfo Bioy qui était l'époux de Silvina Ocampo, l'une des sœurs de Victoria Ocampo, Julio Cortázar, qui furent les uns et les autres proches de la revue *Sur*.

Dans les descriptions que formule Georges Bemberg, les éléments naturels sont de toute évidence « animés », et l'enfant tel que se le remémore l'écrivain se fond littéralement en eux, dans un environnement qui demeure, quant à lui, parfaitement réel jusque dans ses détails. Les intitulés en eux-mêmes – « Fils du pays » ou « Mal du Sud » – célèbrent l'appartenance tant géographique que psychique à ces terres si vivantes.

> « Mais bientôt l'écorce ébénacée d'un palissandre aux fleurs mauves, le tronc saurien de l'arbre à kapok évoquent cette même eau que souvent j'allais regarder aux heures de marée basse, lorsqu'elle découvrait avec honte la vase noire où gonflaient les poissons. Les rares pataugeurs sur le rivage avaient des voix lointaines qu'on entendait bien. Je révérais l'indécence d'une côte sans eau, ce retrait d'une chose essentielle, l'abandon d'un sol mou prêt à pourrir pour peu qu'à l'air libre il demeure trop longtemps.
>
> Mais la rivière reviendra comme un accès de fièvre. »

Fils du pays, I, 2-19

> « Insigne alliance que celle du limon de mes fleuves avec le sang lourd de mes oiseaux. Je me sais les veines nourries d'un fluide végétal qui me lie à l'aguaribay que je vois ombré de ses cheveux verts au bord du delta. Je me souviens comme lui de toute une généalogie de grands fleuves perdus, divisés, ramifiés, aux berges silencieuses. »

Fils du pays, IV, - /10

Paolo Véronèse (1528-1588), *Le Fauconnier*, vers 1560.

Lucas Cranach l'Ancien (1472-1553), *Hercule et Omphale*, 1537.

Ci-dessus :
À gauche : Lucas Cranach l'Ancien (1492-1553), *Portrait de jeune fille*, 1525-1530.
À droite : Tintoret (1518-1594), *Portrait de Scipione Venerio*, vers 1550-1570.

À gauche : François Clouet (vers 1505/1510-1572), *Portrait de Charles IX*, vers 1570.
À droite : Corneille de Lyon (vers 1500/1510-vers 1575), *Portrait d'une veuve au collier*, vers 1565.

À gauche : Francisco de Zurbarán (1698-1664), *L'Enfant Jésus à la couronne d'épines*, 1645-1650.
À droite : Mattia Preti (1613-1699), *Saint Sébastien*, vers 1650-1652.

Michel-Ange Houasse (1680-1730), *Une partie d'ânes*, vers 1725.

En haut : Canaletto, (1697-1768), *Vue de Dolo*, 1755-1760.
En bas : Francesco Guardi (1712-1793), *Le Pont du Rialto*, après 1754.

Henri-Pierre Danloux (1753-1809), *Portrait du prince Auguste Frédéric, duc de Sussex, fils de George III*, 1794.

Auguste Renoir (1841-1919), *La Loge* ou *Portrait de jeune fille*, 1879.

À gauche : Berthe Morisot (1841-1895), *Villa Arnulphi*, 1882.
À droite : Gustave Caillebotte (1848-1894), *Le Petit Bras de la Seine en automne*, 1890.

En haut : Alfred Sisley (1839-1899), *Les Bords du Loing vers Moret*, 1883.
En bas : Camille Pissarro (1830-1903), *Le Pont de Macon*, 1898.

Pierre Bonnard (1867-1947), *Femme au tub*, 1903.

Henri Matisse (1869-1954), *Bateaux dans un port* ou *Vue d'Antibes*, 1925.

Page de gauche :
En haut : André Derain (1880-1954), *La Clairière*, vers 1904.
En bas : Georges Braque (1882-1963), *Fenêtre sur l'Escaut*, 1906.

Bonnard

Pierre Bonnard (1867-1947), *Portrait de l'artiste par lui-même*, 1945.

Page de gauche :
En haut : Pierre Bonnard (1867-1947), *Iris et Lilas*, vers 1920.
En bas : Pierre Bonnard (1867-1947), *Le Cannet*, 1930.

En haut : Pablo Picasso (1881-1973), *Le Couple*, 1967.
En bas : Pablo Picasso (1881-1973), *Pierrot et Arlequin*, 1971.

Même si ces premiers essais ont été rédigés alors même que Georges Bemberg réside pour bonne part à New York, ils s'assimilent néanmoins à la mouvance littéraire que fait vibrer Victoria Ocampo lors de ses nombreuses réceptions – thés et surtout cocktails – dont elle se fait la reine, festivités toujours empreintes de mondanités souvent excentriques. Le *Journal atlantique* abonde de notes à propos des frasques oratoires de sa cousine, et les personnalités qui y sont conviées entretiennent une dynamique créative à laquelle Georges Bemberg, même s'il reste dans son coin et évite de se mêler aux conversations, ne peut pas ne pas être sensible. Roger Caillois, ici ou là, rencontre une foule d'amis qui marqueront leur époque par leur talent et Georges Bemberg se rapprochera de certains d'entre eux de façon durable, Denis de Rougemont notamment, Saint-John Perse plus tardivement, etc. Quant aux relations avec sa cousine, elles ne manqueront jamais de piquant – Roger Caillois la comparait d'ailleurs à un porc-épic... – et sans doute fallait-il toute sa courtoisie pour ne pas la contrarier : « Un écrivain qu'elle admirait, un compositeur, un cinéaste, elle se l'appropriait et défendait qu'on y touche à la légère. C'était le cas pour Ortega y Gasset, Stravinsky, Ansermet, Keyserling, Tagore, Virginia Woolf, qu'elle connaissait bien, ainsi que tant d'autres qu'elle n'avait jamais rencontrés, mais qui soulevaient son enthousiasme [...] et notamment T. E. Lawrence qu'elle idolâtrait[10]. On pouvait

10 Alors même que Georges Bemberg ne le souffrait guère !

parler de leur œuvre, sans toutefois la juger et avec l'accord tacite de Victoria[11]. ».

L'Innocence américaine, le réalisme social

C'est en cette même année 1948 que George Bemberg publie aux Éditions du Sagittaire à Paris ce qui, à bien des égards, peut être considéré comme son ouvrage majeur. *L'Innocence américaine ou le Mythe d'Abel*. On l'a vu plus haut, il s'agit d'un tout autre type d'écrit, relevant beaucoup moins de l'essai littéraire que d'un travail d'observation et d'analyse des idéaux et des comportements américains empruntant à la nouvelle sociologie américaine. Il fallut attendre en effet ce que l'on a appelé l'école de Chicago pour que soient entreprises des études sous la forme d'observations participantes : des écrits sur les relations sociales dans l'espace urbain, notamment à Chicago, où furent fort nombreux les immigrés venus de Pologne. Si Georges Bemberg s'est tout particulièrement penché, quant à lui, sur l'aspiration éthique des Américains et leurs aspirations au bonheur, il ne fait aucunement l'impasse sur la normalisation obligatoire à laquelle doivent se soumettre ceux qui n'ont pu bénéficier à leur naissance de cet *état de grâce*. Les Latins, surtout s'ils sont basanés, et encore bien davantage les Noirs, doivent se « blanchir » de mille et une manières, qu'il s'agisse de leur allure ou de leurs comportements sociaux qui se doivent d'être

11. Georges Bemberg, *Journal atlantique*, *op. cit.*, p. 40.

ad hoc. Une romancière nigérienne telle que Chimamanda Ngozi Adichie décrit encore aujourd'hui avec la même acuité que celle de Georges Bemberg dans les années 1950 les manières subtiles de devenir américaine quand on est noire. Il ne suffit pas de se lisser les cheveux ou de les blondir, encore faut-il épouser les qualités morales dans lesquelles se reconnaissent les Américains : « Qu'est-ce qu'un Nègre magique ? » demande l'héroïne sur son blog. « Il est l'homme noir qui est constamment sage et bon. Qui ne réagit jamais malgré de grandes souffrances, ne s'est jamais mis en colère, ne profère jamais de menaces. Il pardonne toujours toutes les insultes. Il enseigne au Blanc comment briser le triste mais compréhensible préjugé qui est dans son cœur[12]. » En bref, il est devenu un Abel !

Quatre mains, les tourments de la psyché en dix nouvelles

S'il a été fait plus haut mention du réalisme magique auquel les premiers poèmes publiés peuvent être référencés, ce n'est qu'avec ce nouveau recueil de nouvelles intitulé *Quatre mains* et édité à la Table ronde en 1953 que l'association devient tout particulièrement percutante. Avec *Fils du pays, suivi de Monsalvo et l'amateur de cartes, suivi de Mal du Sud*, on se trouvait dans le contexte de la réminiscence de l'auteur de ses terres natales avec lesquelles, enfant, il a fait corps au point de se confondre,

12. Chimamanda Ngozi Adichie, *Americanah*, Gallimard, 2013, p. 473.

de se fondre en elles. Avec ce nouveau recueil qui inclut dix nouvelles, on voit s'opposer plus clairement à la réalité objective et rationnelle celle beaucoup plus confuse mais non moins omniprésente d'éléments inconscients avec lesquels le sujet est en prise, voire sous l'emprise. Miguel Ángel Asturias comme Julio Cortázar ont exercé une influence considérable sur la littérature latino-américaine, qui s'est tout particulièrement approprié ce mode lyrique. Même si le magique a toujours été présent dans la littérature et dans des cultures très différentes, le réalisme magique est devenu une spécificité sud-américaine à laquelle sont rattachés ces grands auteurs qu'ont été Jorge Luis Borges (*Fictions*, 1844, *L'Aleph*, 1949), Julio Cortázar (*Les Armes secrètes*, 1959), Gabriel García Márquez (*Cent ans de solitude*, 1967), Adolfo Bioy Casares (*Journal de la guerre au cochon*, 1969), Isabel Allende (*La Maison aux esprits*, 1982), pour ne mentionner que les plus connus.

Dans ses nouvelles, Georges Bemberg ne cesse de créer des passerelles entre l'ordinaire dans sa dimension la plus banale et les tours que peut introduire la psyché à travers des moments d'angoisse, de peur, voire d'hallucinations. La part faite au symbolisme permet à la démarche littéraire de sortir de ses ornières, de traverser le temps et l'espace, à travers des situations qui peuvent être cocasses ou beaucoup plus critiques pour ceux qui les vivent. À la magie quelque peu surréaliste à laquelle sont confrontés les personnages se superpose une quête analytique des profondeurs de l'inconscient. Si Georges Bemberg est en effet très proche des auteurs qu'il rencontre dans l'environnement de Victoria Ocampo ou des publications de *La Nouvelle Revue française*, il n'en est pas moins un adepte de la culture nord-américaine et s'intéresse considérablement à l'engouement qu'elle porte à la psychanalyse. Cohabitent ainsi dans cette deuxième série de nouvelles (1953) tout à la fois la puissance d'un souffle magico-symbolique et l'interrogation profonde des détours de l'inconscient.

La première d'entre elles, intitulée *Quatre mains*, fait référence à l'expérience que l'auteur a vécue avec Nadia Boulanger. Le professeur de piano, banalisé ici sous les traits d'une vieille fille abusive avec ses élèves dont elle exige un asservissement complet au travail sur le clavier, ne saurait susciter la moindre admiration. Elle jette son dévolu sur une élève qu'elle espérait, à l'inverse des autres, acquise au sacerdoce qu'elle lui impose. Lorsque les premiers signes de son éloignement dû à ses fiançailles se manifestent, ce professeur aigri qui porte le doux nom de mademoiselle Yvon jette un sort à Gisèle : ses doigts qu'elle commençait à embellir avec du vernis à ongles ne lui obéissent plus dès lors qu'elle s'approche du clavier. Désespérée, elle préfère renoncer au mariage. Trop tard, mademoiselle Yvon a quitté son domicile sans laisser d'adresse. Cette nouvelle est décevante du fait de sa pseudo-parenté avec l'expérience vécue par son auteur. Le maléfique et le misérabilisme des situations transforment en drame obscur ce qui fut, en son temps, un contexte qui, même s'il n'était pas exempt de certaines angoisses, était riche et lumineux.

Les suivantes sont beaucoup plus passionnantes et certaines méritent que l'on s'y attarde, selon l'ordre d'ailleurs de leur insertion dans le recueil.

« *À vendre* » *ou les tourments de la possession*

Monsieur Jamus passant par hasard devant une maison et son jardin, qui étaient mis en vente, tomba sous leur charme et se décida à en faire l'acquisition pour y demeurer avec son épouse et leur jeune garçon. Lors de la visite, il fut surpris de constater que le mobilier lui-même faisait partie de la vente aux enchères. Quelque temps plus tard, lorsque Jamus, sa femme et son fils allèrent habiter leur nouvelle maison, monsieur Jamus s'émerveille devant d'aussi précieux objets, « dont la maison se parait comme une femme de bijoux à l'heure où il n'en faut point ». Le premier soir, alors qu'ils découvrent le jardin qu'embellissent des roses, un sentiment de malaise s'empare de Jamus :

> « Il cherchait de mordre plus avant dans le plaisir qu'il avait escompté, mais il restait inassouvi lui semblait-il ; manquait à sa joie de propriétaire une sensation de plénitude qui l'eût comblé à d'autres occasions[13]. »

De retour dans la maison, le malaise, loin de s'effacer, se fait plus précis :

13. Georges Bemberg, *Quatre mains*, *op. cit.*, p. 57.

« Il ne pouvait trouver la promesse de plaisir que lui avait apportée chacun des objets. Jamais cela ne lui était arrivé. Le monde de sa maison n'existait qu'en dehors de lui, et il devait se contenter de l'admirer ainsi qu'au travers d'une vitrine. [...] La maison avait une vie secrète et insoupçonnable, qui la protégeait contre l'avidité gauche de Jamus[14]. »

Jamus, dès lors, s'interroge sur ses sentiments et convient que son désir de possession par trop manifeste ne peut que ruiner le plaisir auquel il s'attendait en habitant la maison. Il lui faut désormais ruser et faire preuve de patience pour amadouer sa demeure réfractaire. Et de fait la stratégie semble réussir :

« Peu à peu, il s'habituait à son état, et la maison chaque jour offrait moins de résistance. Jamus n'osait convenir de la joie secrète qu'éveillait en lui ce progrès. Il faisait mine de ne plus être attaché à ses possessions comme si déjà il eût pris son parti de sa défaite. Néanmoins, la maison semblait vouloir se réconcilier avec lui. Elle essayait de le tenter afin de réamorcer son intérêt. Elle se livrait. Il n'avait plus qu'à lui ouvrir les bras[15]. »

L'impatience a néanmoins raison de lui et sa volonté faiblit peu à peu. Alors même qu'il contemple du haut de l'une des mansardes l'étendue de son jardin et pose une

14. *Ibid.*, p. 59.
15. *Ibid.*, p. 61.

main sur la balustrade de la fenêtre en en caressant le bois, son désir de possession devient tel qu'il en perd la raison :

> « Ses doigts le guidaient d'eux-mêmes comme mus par une autre volonté que la sienne qui semblait agir pour lui. Allumant une feuille de papier qu'il venait de ramasser sur la table, il l'approcha du tulle de la croisée. Le feu grimpa contre la vitre et s'empara des rideaux. La pièce devint lumineuse. Jamus reculait devant l'éclat des flammes et alla se réfugier dans le corridor en attendant comme un amoureux qu'elles vinssent l'y rejoindre[16]. »

Ce texte est d'autant plus intéressant que l'on peut imaginer que son auteur, en tant que collectionneur, ne peut pas ne pas avoir été concerné par les pièges que peut engendrer tout sentiment excessif de possession. Le don qu'il fit de sa collection est sans aucun doute l'aboutissement de cette réflexion, puisqu'il s'agissait bien d'un souhait d'en partager la beauté avec autrui. La personnalité de Georges Bemberg, que les propos qui suivront essaieront de mieux mettre à jour, n'est pas sans évoquer celle d'un autre vieux monsieur contemporain, amoureux lui aussi de poésie et de beauté, et préférant aux honneurs et à la célébrité la vie en solitaire. Il s'agit de Pascal Quignard dont l'un des passages de *L'Amour la Mer* peut s'interpréter comme une mise en garde de toute forme de possession. « Tout homme, toute femme qui

16. *Ibid.*, p. 61.

assigne une fin à l'amour, n'aime pas. Tout être humain ou animal qui fixe un but à l'amour, n'aime pas. Qui impose un contenu, n'aime pas. Qui rêve un foyer, une maison, un enfant, de l'or, une récompense, n'aime pas. Qui court après la réputation, l'ascendant social, le cheval, la voiture, l'honneur, n'aime pas[17]... »

« Claironne » ou le fantasme de la peur

Claironne est une jeune femme de petite vertu qui n'a guère d'estime pour elle-même quand bien même elle effectue son travail de son mieux. Vivant au quatrième dans une chambre réduite au minimum, elle a le plaisir un soir de s'y retrouver seule. Alors qu'elle apprécie ce calme, elle se surprend à craindre le silence :

> « Elle avait décidé d'attendre avant de s'endormir que le silence redevint normal, car il lui semblait que le silence doit n'être qu'un apaisement des rumeurs du jour, bien plutôt qu'un vide total. [...] Elle regardait le plafond, et le plafond la regardait de ses yeux humains, centrés dans la touffe velue suspendue au-dessus d'elle. [...] Elle ne croyait pas ce qu'elle voyait et, comme à dessein, les yeux du plafond se déplacèrent de quelques centimètres. À ce moment-là, elle voulut crier. Sa bouche s'ouvrit et l'araignée, saisie d'un soudain vertige, tomba le long du mur sur l'oreiller[18]. »

---

17. Pascal Quignard, quatrième de couverture, *L'Amour la Mer*, Gallimard, 2022.
18 . Georges Bemberg, *Quatre mains*, *op. cit.*, p. 71.

Heureusement le jour point à la fenêtre, annonçant l'aube toute proche. Une fois levée, elle s'empresse de fouiller partout dans sa chambre pour y dénicher l'araignée et fait même venir son fils, son concierge, ses voisins pour l'y aider. La nuit suivante, pour plus de tranquillité, elle invite à dormir avec elle l'un de ses habitués, un respectable père de famille. Croyant à nouveau voir poindre l'aube, elle ouvre les yeux pour se rendre compte qu'il fait encore nuit.

> « Agglomérée dans le même coin du plafond, l'obscurité de la pièce épousait peu à peu la forme nette et précise de l'araignée.
>
> Claironne ne se reconnut plus. Elle perdit toute sa force. Elle essaya de réveiller son dormeur, mais elle était paralysée. Elle ne se souvint pas d'avoir éprouvé la veille cette même panique[19]. »

N'en pouvant plus de ces nuits vécues dans cette crainte qu'elle ne réussit plus à contrôler, la nuit suivante, elle se couche résolue à se laisser piquer.

> « Alors elle ressentit à l'épaule une vive douleur, suivie d'une grande faiblesse. Elle crut qu'elle allait mourir. Elle s'était mise à suer. Son cœur cognait dans ses tempes. Ses pieds et ses mains l'avaient quittée.
>
> L'araignée semblait n'être qu'une forme insignifiante, privée de sa fonction. Elle était à peine une araignée… […]

19. *Ibid.*, p. 78.

> À présent qu'elle avait été débarrassée de sa peur, elle sentit qu'autre chose l'avait remplacée. Elle essayait de comprendre. Elle s'était laissée piquer. Le poison qui circulait dans ses veines semblait la rendre heureuse[20]. »

Le lecteur ne peut que s'attendre à un répit enfin gagné, mais il n'en n'est rien et c'est bien le rebondissement final inattendu qui fait le sel de cette descente aux enfers. À n'avoir plus peur, Claironne prit alors goût à la vie, une vie qui néanmoins, du fait de sa condition, ne pouvait guère lui délivrer d'autre goût que celui de l'ennui. Tant et si bien que la peur même se mit à lui manquer au point que, chaque nuit, elle se mit à attendre « l'araignée qu'elle croyait en vain réamorcer par les nouvelles formules de séduction que lui dictait sa coquetterie[21] ».

« Le Voyage de Bella Jones » ou les bienfaits du déni

Les récits qui peuvent s'apparenter au réalisme magique ont souvent trait aux populations africaines ou caribéennes pour mettre en relief la porosité entre le normal et le paranormal, le fait d'étrangeté et d'irrationalité qu'ont pu maintenir, y compris à l'époque moderne, des héritages culturels et religieux. *Le Voyage de Bella Jones* est un conte très attachant de ce type de récit : miss Effie Jones est une vieille Négresse aux cheveux gris qui a quitté, dès l'âge de

20. *Ibid.*, p. 83.
21. *Ibid.*, p. 86.

20 ans, l'île d'Antigua pour aller s'installer à New York et travailler chez son cousin Jake, le pasteur d'une paroisse à Harlem. Elle attend depuis des années la venue de sa sœur Bella à qui elle envoie régulièrement de l'argent pour qu'elle puisse effectuer le voyage, mais jamais celle-ci ne se décide, à moins que ses multiples neveux ne se soient empressés de voler les chèques. La vie d'Effie est toute simple, elle vit dans un minuscule appartement et chaque matin elle se rend chez Jake pour aider son épouse Milly à faire son ménage. Il y a belle lurette qu'elle ne croit plus aux esprits dont enfant, la nuit, accompagnée de sa sœur, elle tentait d'entendre, cachée dans le cimetière, les conversations et les projets de vengeance.

> « Enfin une lettre arriva. De son écriture enfantine, Bella Jones annonçait son départ pour la semaine prochaine. « Je me sens vieille, écrivait-elle, et mon cœur n'est plus solide. On me déconseille de partir si loin, mais je me sens soudain très seule et veux te voir avant de mourir. Nous vivrons ensemble comme au temps où nous étions petites filles. » Suivaient des détails sur le bateau qu'elle allait prendre, car elle craignait de voyager en avion[22]. »

Dès lors miss Effie n'a de cesse de s'affairer, faire et refaire le lit avec les draps que Milly lui a prêtés, accrocher une paire de rideaux aux fenêtres et poser sur la table la bible de leur père. Mais peu de temps avant l'arrivée de sa sœur, miss Effie

22. *Ibid.*, p. 128.

tomba malade. Les prières que récitèrent Jake et Milly durent être efficaces car le soir même elle se sentit mieux.

> « Ce soir-là, miss Effie éprouva qu'elle était en train de revivre toute une période de son enfance. Le ciel qui filtrait à travers la croisée était celui d'Antigua. Sans pouvoir en démêler la raison, l'aspect de sa chambre n'était plus le même. Il lui sembla qu'elle redevenait petite fille. Elle se leva pour fermer la fenêtre, car elle avait un peu froid. Elle jeta sur ses épaules un vieux châle de laine et alla s'asseoir. [...] Il lui sembla qu'elle attendait Bella depuis son enfance et que jamais elle ne viendrait. Ses paupières s'alourdirent. Elle s'endormit assise, sur sa chaise, puis se réveilla en sursaut. Elle entendit des pas dans l'escalier. Ils approchaient. Miss Effie ne broncha pas et attendit. Puis la porte s'ouvrit tout naturellement, et Bella parut sur le seuil. Elle posa sa valise, avança dans la pièce, et lui tendit les bras[23]. »

Le temps de s'installer et le bonheur est là, devant le gâteau que miss Effie a préparé avec tant d'affection sachant combien sa sœur en est gourmande. Songeant à son cousin Jake, miss Effie a envie de le prévenir sans tarder, comme promis, de l'arrivée de sa sœur et assure à celle-ci qu'elle n'en n'a que pour quelques minutes. Arrivant au presbytère, elle est alors surprise de le voir si soucieux. Alors même que miss Effie l'empresse à venir les rejoindre, très abattu, il refuse et lui annonce la nouvelle :

---

23. *Ibid.*, p. 130-131.

« Non Effie, tu te trompes. Bella n'est pas là. Elle est morte il y a deux jours. Je viens de recevoir une lettre de mon neveu. J'allais justement te prévenir. »

Puis le cousin se ravise, il prend son chapeau et suit miss Effie jusque chez elle.

« Resté debout au milieu de la chambre, le cousin Jake gardait les yeux baissés sur son chapeau qu'il faisait tourner entre ses doigts pour se donner constance. Miss Effie parcourait les pièces d'un air hagard. [...] Au fond de la tasse de Bella, il restait encore un peu de thé et, dans l'assiette, miss Effie remarqua les miettes jaunes du gâteau. Sans rien dire, elle emporta le plateau qu'elle alla poser sur l'évier derrière le paravent à fleurs rouges, et se laissa tomber sur une chaise. Son visage avait pris un air distrait[24]. »

Et lorsque le pasteur lui propose de demeurer près d'elle, Miss Effie réfléchit mais décline la proposition :

« Le fauteuil vide où venait de s'asseoir Bella avait soudain plus de valeur, à ses yeux, qu'une présence humaine. Elle hésita, puis, soudain, animée d'une confiance nouvelle, elle leva la tête vers Jake.

– Rentre chez toi, Jake, dit-elle, Milly t'attend pour dîner. Bella va revenir et je ne veux pas la manquer[25]. »

24. *Ibid.*, p. 139.
25. *Ibid.*, p. 139-140.

« Dimanche » ou les affres de l'ennui

Si Georges Bemberg se souvient avec émotion de ces dimanches où son père à San Isidro sortait le petit yacht blanc, sans aucun doute garde-t-il de tout autres souvenirs de ces dimanches d'ennui dont tout un chacun a fait l'expérience. Cette nouvelle est probablement la plus autobiographique de l'auteur. Même si, au cours de son adolescence, son frère et ses sœurs ne devaient pas souvent déserter la maison familiale, il est probable qu'il fit souvent l'expérience plus tard, lorsqu'il revenait retrouver ses parents, de dimanches passés en leur compagnie. Ce récit peut faire penser à ce qu'un psychanalyste est habitué à entendre de l'un ou l'autre de ses patients à propos de cet ennui mortel, à l'occasion d'un dimanche qui n'en finit plus, coincé entre des parents qui font tout pour s'éviter et démentir l'aveu de leur propre ennui. « Se désennuyer » est d'ailleurs une expression que l'on trouve souvent dans les propos de Georges Bemberg. Le cadre est celui auquel l'auteur a été habitué : ce pourrait être boulevard Malesherbes ou avenue Mozart, et le héros est un adolescent qui prend d'autant plus à cœur le travail que lui imposent ses professeurs en vue du bac de philo. Étudier le dimanche lui permet ainsi d'échapper aux propositions de détente que ne manqueraient pas de lui faire son père ou sa mère et que de s'en débarrasser au plus vite lui permettra de sauvegarder une séance de cinéma en fin d'après-midi, accompagné de sa petite amie.

Le dimanche par définition est le jour de l'ennui. Chez la famille Briche, la journée commence plus tôt pour les offices religieux auxquels doit se rendre le personnel, puis du fait des préparatifs pour la grand-messe. Après le déjeuner, le père lit le journal et la mère fait une patience. Quant au fils, il se met à son bureau :

« Il prenait un certain plaisir à travailler ainsi, tout pénétré de cette même atmosphère de *boîte* qu'il vivait au lycée. Ses doigts tachés d'encre et l'odeur très spéciale des cahiers neufs contredisaient l'impératif du jour de ne rien faire, qu'il redoutait par-dessus toutes choses. Il en avait à coup sûr pour trois heures. En fin d'après-midi, il avait promis à une jeune fille de l'emmener au cinéma[26]. »

Programme sinon enthousiasmant, du moins accommodant pour ce jour de la semaine rarement prometteur. Ce serait sans compter avec les parents, qui se doivent de tromper leur propre ennui.

« M. Briche ne savait pas au juste ce qu'il voulait faire. C'était un homme que les affaires retenaient à son bureau chaque semaine huit heures par jour. Lorsqu'il s'agissait pour lui de se distraire de ses occupations habituelles, ou simplement de vivre, il était comme perdu, et cherchait à s'orienter.

---

26. *Ibid.*, p. 184.

> Il n'osa entrer chez sa femme de peur qu'elle ne le retienne pour un brin de conversation, car il savait que le dimanche elle n'avait rien à faire. Souvent il faisait semblant de dormir afin de n'être pas dérangé[27]. »

À défaut, il préfère s'installer près de son fils, puis au bout d'un certain temps il ne peut s'empêcher de lui conseiller d'aller prendre l'air. Vient ensuite les rejoindre Mme Briche, de telle sorte que M. Briche annonce sa sortie, sans doute pour prendre l'air. Après de longs silences, Mme Briche annonce qu'elle a l'intention d'aller au cinéma, sans pour autant que son fils ne relève la tête.

> « Freddy se sentit mal à l'aise. Il réprima une sorte de nausée. L'image de sa mère délaissée lui était particulièrement douloureuse. [...] Peut-être, aussi, découvrait-il trop tôt, ou trop tard, le malentendu dont il était le résultat. Il éprouvait une certaine difficulté d'aimer autrement qu'on l'avait aimé. Il ne pouvait pas se représenter sa mère seule dans la rue déserte, marchant d'un pas distrait devant les concierges et leurs chats, seule parce que méconnue de ceux qui prétendaient l'aimer[28]. »

Lorsque Freddy met enfin son projet à exécution, il se retrouve en bas de chez lui nez à nez avec sa mère, qui ne s'est pas décidée à aller seule au cinéma, qui lui demande timidement s'il a goûté et, devant sa réponse négative, lui

---

27. *Ibid.*, p. 186.
28. *Ibid.*, p. 192.

propose de l'accompagner chez Trudel, cette pâtisserie qui détient la recette des éclairs qu'il aimait tant quand il était petit.

> « À l'enthousiasme qu'il avait éprouvé en descendant l'escalier s'était substituée une immense gêne qu'il ne pouvait surmonter. Il avait trouvé dans la rue une femme qui mendiait quelques minutes de compagnie. Elle paraissait être en peine d'amis. Il observa ses petites mains gantées, sa robe d'après-midi et son sac, modeste inventaire d'une tenue de promenade qui s'avérait inutile, mais elle ne semblait pas malheureuse. Elle l'invitait, elle avait besoin de lui ; la journée n'avait pas été très gaie[29]. »

Il a alors à cœur de ne pas la décevoir et les dimanches suivants se sont peut-être déroulés selon un scénario assez semblable, jusqu'à ce que le fils puisse s'affranchir de ces dimanches pesants.

Les pièces de théâtre *off-Broadway*

Pour un auteur tel que Georges Bemberg, appréciant tellement la langue anglaise et le théâtre, c'eût été certainement un regret de ne pas s'y essayer. Et de fait, Georges Bemberg va subitement opter pour un tout autre genre littéraire en s'inscrivant davantage dans la lignée anglo-saxonne, ainsi qu'il le raconte à un journaliste de *L'Express* : « J'ai tout

29. *Ibid.*, p. 197.

lâché sur un coup de foudre, après avoir vu *La Messagerie de verre* de Tennessee Williams. Je ne jurais plus que par Arthur Miller ou Edward Albee[30]. » Il va dès lors consacrer deux ou trois années à composer des pièces auxquelles le public new-yorkais fera bon accueil. Il est malheureusement difficile dans ce contexte biographique de décrire leur contenu, du fait qu'elles ont été jouées en 1979 pour certaines et en 1980 pour une autre, qui emporta pourtant un vif succès. Il s'agit de comédies en actes, conçues pour des théâtres d'art et d'essai *off-Broadway*. Il est vrai que Georges Bemberg a su s'entourer de professionnels remarquables, notamment la réalisatrice Jane Stanton, qui, à la fin des années 1970, bénéficiait déjà d'un grand renom. Spécialisée initialement dans la création et la gestion des théâtres pour enfants (Young World Productions) et professeur d'art dramatique populaire au Packer Collegiate Institute, elle s'oriente ensuite vers les scènes de théâtre *off-Broadway*, où elle dirige de nombreuses productions. Parmi les quatorze pièces qu'elle met en scène au Wonderhorse Theatre figurent les premières tentatives de Georges Bemberg. *Tripletale* en rassemble trois : *The Promiscuous Umbrella*, *Wanting* et *Hands Off*, qui seront mises en scène par Jane Stanton. On peut imaginer que la première d'entre elles – *The Promiscuous Umbrella* – est inspirée d'une anecdote amusante à laquelle l'auteur fait allusion dans son journal. Alors qu'il déjeunait à Paris avec Nanik et Denis de Rougemont, il demeure comme à l'accoutumée quelque

30. « Le vieil homme et les arts », entretien mené par Raphaël Sorin, le 9 février 1995, www.lexpress.fr

peu en retrait malgré le tour enjoué des conversations. Michelle Maurois[31], face à son comportement, lui fait alors cette remarque : « Vous refusez de jouer le jeu » à propos de son mutisme l'autre soir aux Petits Pavés. Georges Bemberg lui en rappelle le contexte : « Ma voisine, Madame Steve Passeur, coiffait une capeline dentelée qui me grattait les oreilles quand elle engageait la conversation. J'hésite à jouer le jeu parce que je suis insensible aux règles. Je ne me sens à l'aise que quand je suis libre de ne rien dire après avoir écouté les autres[32]. » Mais l'association de pensée entre cette anecdote et la pièce en question est une hypothèse gratuite puisque le contenu de cette dernière, comme il en est pour *Wanting* et *Hands Off*, n'a pas laissé de traces dans les archives culturelles françaises !

En 1980 sera présentée une autre pièce de Georges Bemberg qui, semble-t-il, emporte un réel succès. Intitulée *Knitters in the Sun*, elle est jouée du 4 au 8 juin au Lucille Lortel Theatre, connu à cette époque sous le nom de Theatre de Lys.

Elle est également mise en scène par Jane Staton, avec pour principales comédiennes Alexandra O'Karma et Joan Shepard. Il s'agit, semble-t-il, d'une rivalité fraternelle, dont le critique du *New York Times Magazine* regrette qu'on en devine un peu trop rapidement le dénouement, tout en soulignant le plaisir que procure de toute évidence le jeu de la pièce.

31. Fille de l'écrivain André Maurois, elle-même auteure de *Déchirez cette lettre*, un récit biographique qui fait revivre le Paris littéraire des années 1930.

32. Georges Bemberg, *Journal atlantique*, *op. cit.*, p. 12.

L'indépendance, une exigence

Le Retour au pays[1], le magnifique texte qu'écrit Georges Bemberg au lendemain de la disparition de ses parents, donne la mesure du sentiment de « fugue » qu'il éprouve *a posteriori* vis-à-vis de son pays natal. On se souvient de l'ivresse qu'il avait vécue lors de son arrivée à New York, ce sentiment de liberté encore jamais ressenti avec une telle intensité alors qu'il s'apprêtait à entrer à Harvard pour quatre années d'études. Au cours de ces années, les vacances le contraindront aux retrouvailles familiales, mais, à la fin de son cycle universitaire, c'est bien à New York qu'il s'installe dans un appartement où il continuera de résider, en alternance avec celui de Paris, jusqu'à la fin de ses jours. L'Amérique, ce nouveau monde résolument moderne, pouvait enfin lui garantir l'indépendance qu'il recherchait confusément.

---

1. Georges Bemberg, *Le Retour au pays*. Ce texte a été initialement publié en 1985 par André Dalmas dans la revue *Le Nouveau Commerce*. Lorsque celui-ci lui en remet un exemplaire, Georges Bemberg lui fait remarquer qu'une phrase en a été retranchée – une phrase à laquelle il tenait beaucoup. Jean Delmas le tance alors en lui disant : « Il ne faut pas tenir à une phrase. Ce n'est pas l'auteur qui fait un livre, c'est le lecteur » (*Journal atlantique*, *op. cit.*, p. 81).

Le récit de ce « retour au pays » ravive le souvenir de sa jeunesse oisive à Buenos Aires et lui rappelle combien il lui avait été salutaire de s'exiler :

> « Il fut un temps où je faisais partie du pays. Mon corps s'accordait avec la terre. J'étais fier de me sentir enraciné. Nulle autre vie n'aurait été souhaitable. Un jour, pourtant, je dus convenir de mon abandon : une torpeur botanique prenait le plus clair de mes journées. Je me contentais de vivre par procuration. Je m'identifiais à des êtres mirifiques que je faisais défiler devant moi. Mais le cortège n'avait que trop duré. Il fallait passer à l'action. Pour bien faire, je devais fuir le pays, ne fût-ce que pour échapper à la satiété qui engourdit les espèces[2]. »

Alors même qu'il est devenu cosmopolite, il est convaincu qu'à demeurer trop longuement au pays il n'aurait pu que s'y « ensiester », s'y enliser. Le froid qu'il a tant vénéré à New York par la suite est la contrepartie tout autant météorologique que métaphorique de la moiteur du Sud. Et il conclut ainsi ce texte émouvant : « [...] Le fruit n'a mûri qu'en exil. Rapatrié, je me fusse bletti avant terme, flasque et doucereux, infécond. Je dois changer d'hémisphère comme de génération. À moi d'accélérer la fuite, cette alliée de longue date, sans jamais plus me dédoubler[3]. »

2. Georges Bemberg, *Mal du Sud*, dernière édition, Société des écrivains, 2007.

3. *Ibid.*, p. 88.

Cette « fuite », Georges Bemberg la concrétise en effet dans un premier temps aux États-Unis, où il découvre la liberté, que le contexte social autorise. Il construit peu à peu son indépendance et en fera tout au long de sa vie une exigence. Celle-ci prendra différentes dimensions : géographiques (une grande mobilité) ; temporelles (le libre choix de ses activités et de ses divertissements) ; familiales (l'évitement de certaines contraintes) ; affectives (la volonté du célibat) ; relationnelles (la sélection de ses amis), etc.

Ici, là-bas et ailleurs[4]

Essayer de recenser les multiples villes, pays et continents dans lesquels s'est rendu Georges Bemberg au cours de son existence donne la tentation de se représenter celui-ci comme un grand voyageur. Ce terme n'est pourtant pas totalement approprié, car ce n'est pas tant la séduction de l'inconnu qui conquiert Georges Bemberg à travers ses nombreux déplacements – la quête de contrées lointaines dont tout est à explorer – que la liberté que lui offre la mobilité elle-même. Si la première arrivée à New York par la mer est nécessairement émouvante lorsque se dressent les tours à l'horizon, de même si les wagons-lits ne manquent pas de charme pour se rendre à Venise où l'attendent ses amis, en réalité c'est sans aucun doute l'avion qui non seulement lui permet le mieux d'assouvir cette soif de mobilité, mais lui donne

4. Georges Bemberg, *Ici, là-bas et ailleurs*, *op. cit.*

aussi l'opportunité d'observer de très haut les vastes étendues qu'enfant il aimait tant balayer du regard.

Quel que soit l'inconfort de ce moyen de transport, les petits matins à l'aéroport Kennedy et les queues d'attente, scruter d'en haut la terre prête à la rêverie et à la réflexion sur le partage des grands espaces, leurs délimitations et leurs frontières. Georges Bemberg n'a jamais cessé de s'interroger sur la volonté humaine d'emprisonner le territoire au gré des bornes et des limites que dressent les cartographes : « C'est ainsi que l'homme, cet amateur de cartes, châtie la terre qu'il visite. Par lui gravée, elle garde les formes qu'il dénonce devant l'Histoire qui s'y mêle, aux peuples instruits de distances il perpétue la mesure d'un besoin. Il immobilise la terre de son nom. [...] L'homme n'aura plus où se perdre. À force de planter des bornes, il s'achoppera bientôt à une lande diminuée, à cette pampa terminale, là-bas, où pâlit le soleil des banquises. Il devra fuir ce qui l'oriente et les signes, toujours plus bas, au terme d'un Sud promis. [...] Reste à savoir qui, de l'homme ou d'elle, survivra ; si l'on pourra ne s'en tenir qu'aux atlas et présumer de la constance des eaux[5]. » Georges Bemberg n'est pas seul du reste à s'interroger sur ce fossé entre la carte et le territoire. Son ami Borges s'était plu lui aussi, avec moins de gravité, à tenter de gommer l'enfermement que le cartographe impose au territoire. Sous le couvert d'un auteur fictif du XVIIe siècle, il vante les mérites d'une carte qui aurait une dimension identique à celle de

5. Georges Bemberg, *Mal du Sud*, *op. cit.*, p. 24-27.

l'empire qu'elle serait censée représenter[6]. Ce que l'un et l'autre interrogent en fait c'est l'utopie de la carte, l'utopie de toute représentation spatiale que dénoncera également Louis Marin en 1973[7].

Le vol aérien exerce donc sa magie. Il restitue aux territoires leur liberté : limites et bornages s'effacent. Le passager, libre d'aller et venir, est au diapason avec un horizon sans limite : « Le pays a l'air indivis, sans nulle raison d'être qu'une immense réalité dans le présent[8]. » L'aisance de se mouvoir, d'aller à son gré « ici, là-bas et ailleurs », noue une complicité avec des paysages redevenus libres, hors des contraintes que leur imposent les topographes et les géomètres. C'est une sorte d'enchantement pour le passager, qui nourrit le rêve de la réalité première d'un monde terrestre avant que le cartographe ne l'épuise dans sa représentation.

Il n'est évidemment pas certain que ces vols qui lui permettaient de relier les lieux et les continents qui lui étaient chers aient pu, pour chacun d'entre eux, se prêter à ces rêveries métaphysiques qu'il affectionnait. Un vol de nuit, un voisin ou une voisine trop encombrants, ne lui en laissaient pas toujours le loisir. D'autres ressources lui permettaient alors de combler tout aussi avantageusement les longues heures du trajet. Bien sûr, il s'agit du plaisir inépuisable de la lecture, ainsi que le relate l'une des notes

6. Jorge Luis Borges, *Histoire de l'infamie, histoire de l'éternité*, Éditions du Rocher, 1958, p. 129-130.

7. Louis Marin, *Utopiques : jeux d'espaces*, Éditions de Minuit, 1973.

8. Georges Bemberg, *Mal du Sud*, *op. cit*, p. 24.

de son journal à propos d'un vol pour l'Argentine : « Dans l'avion, je ne dors que trois heures, je trouve moyen de lire près de la moitié de l'ouvrage de Kimberley Cornish : *Wittgenstein contre Hitler*. J'aurais pu sans trop de peine le lire d'une seule haleine. » Mais le lendemain la conclusion est plus prosaïque : « Je me réveille avec une lombalgie due sans doute à l'inconfort du vol. On croit être immobile. L'étanchéité de la cabine protège contre la vitesse supersonique de l'avion mais notre fixité est toujours la même pendant un trajet de 12 000 kilomètres[9]. »

Les propos qui précèdent n'ont en rien l'ambition de débattre des bienfaits ou non de l'aviation, de ses conforts ou inconforts, mais de montrer combien ce moyen de transport a permis à Georges Bemberg d'assouvir son désir de liberté et sa volonté d'indépendance en lui permettant cette extrême mobilité. Quand bien même il s'est déplacé dans de très nombreux pays, qu'il s'agisse de l'Europe qu'il connaît fort bien ou de la Russie qu'il découvre en 1993, ou qu'il s'agisse encore de ses nombreux vols intercontinentaux, ce qui lui importe c'est de ne pas devoir demeurer en un lieu plus longtemps qu'il ne le souhaite. La liberté, toujours. Il s'obstine, notamment en dehors de New York et Paris, à ne prendre pied nulle part, ainsi que le déplorent bien souvent ses parents : « Mon père m'a conseillé de prendre un pied-à-terre. Il n'aime pas me voir habiter l'hôtel dans une ville où je suis né. Il ne se doute pas que c'est dans une chambre

9. *Ibid.*, p.144. Rappelons que Georges Bemberg a à ce moment-là 83 ans !

d'hôtel, prêt à décamper, que mon séjour à Buenos Aires ou ailleurs est possible[10]. »

Le choix du célibat

Sans doute ses parents auraient-ils aimé le voir plus stable et fonder une famille, au diapason avec les conventions de cette grande bourgeoisie argentine à laquelle ils appartenaient, sans se douter que celles-ci rebutaient tant leur fils. Comme dans toutes les sociétés où domine une ferveur catholique, la famille est vénérée, elle est la parade à toute forme d'agression : « Chacun fait partie d'un centre ; s'il s'en détache, il n'est rien[11] » et, à ce titre, le célibat n'est pas seulement un repli, « c'est une infraction ». N'est-ce pas à ce propos que Georges Bemberg évoque cette nécessité qui a été la sienne de s'éloigner de son pays natal ? « Pour un Argentin, dit-il, l'avenir qui le ligote est la famille. L'enfantement [...] est réglementaire. Féconder reste une consigne, l'effort le plus sacro-saint de la nation argentine. Un homme marié qui n'a pas encore d'enfant est en reste. Ce n'est pas pour se plier à des règles qu'il veut devenir père de famille, mais par obédience au terroir[12]. » À l'inverse, il découvre à New York un tout autre état d'esprit, lié à la présence de la culture anglo-saxonne qu'il fera sienne et qu'il désigne

10. Georges Bemberg, *Journal atlantique*, *op. cit.*, p. 84.

11. *Ibid.*, p. 83.

12. *Ibid.*, p. 130.

sous le terme anglais *privacy*, autrement dit le respect de la vie privée, qui s'était développé aux États-Unis dès les années 1930. C'est ainsi à Londres ou à New York que se sentent le plus à l'aise, dès l'après-guerre, la femme ou l'homme qui aiment vivre seul.

Est-ce à dire pour autant qu'il s'agit d'un choix en faveur de la solitude ? Certainement pas. Georges Bemberg aime se sentir entouré mais s'est efforcé toute sa vie à vivre l'expérience de la solitude sans avoir à en souffrir. La conquête de son indépendance exige de savoir vivre seul. « C'est une obligation envers soi-même que de s'entraîner à être seul. Cesser d'estimer l'humeur des autres, bonne ou mauvaise, afin d'échapper au supplice de l'intimité[13]. » Et il emprunte d'ailleurs à Erich Fromm[14] cet adage qui rejoint la philosophie qu'a adoptée Pascal Quignard cité en exergue de ce livre : « Un homme qui ne peut pas vivre seul est incapable d'aimer. » Dans son journal, Georges Bemberg fait souvent allusion à des couples chez qui la mésentente était profonde sans pour autant opter pour une séparation : « Il n'a pas été heureux en ménage, mais il a fini par s'aguerrir. C'est une accoutumance qui l'emporte sur le bonheur. Lorsqu'on s'est habitué à vivre avec une femme qu'on n'aime plus, on ne peut pas se passer d'elle[15]. »

---

13. *Ibid.*, p. 36.

14. Erich Fromm (1900-1980), sociologue et psychanalyste américain d'origine allemande, auteur de *L'Art d'aimer*, Éditions universitaires, 1967.

15. Georges Bemberg, *Journal atlantique*, *op. cit.*, p. 24.

Il est lui-même fort ému par la mort de l'un de ses oncles dont il pense qu'il n'a pu survivre au décès de sa femme : « Lors de notre dernière rencontre, il m'avait dit : "Je n'ai plus envie de vivre. Il faut que tu m'apprennes à être seul." C'était déjà trop tard. Jamais il n'aurait supporté son existence qu'entouré de soins et d'affection. À 77 ans, le célibat est invivable si on ne l'a jamais connu. [...] Il s'intéressait à tout ce que j'aimais, à la différence des proches, qui ne s'intéressaient qu'à nos devoirs[16]. » Cet oncle n'est autre que Jorge Bemberg, né en 1892, pour qui le neveu voue amitié et admiration à l'encontre de l'indifférence que lui portait leur famille : « L'oncle J. est décédé cet après-midi. C'est un cousin qui m'apprend la nouvelle. J'envoie une dépêche à mes parents. Les membres de la famille veulent étouffer la nouvelle. On n'annonce pas la mort d'un grand-oncle neurasthénique qui vivait à l'écart et dont on ne savait rien. Cela risque de perturber les enfants. On oublie qu'il avait du talent, qu'il était l'ami de Picasso et le parrain de son fils aîné. L'envie me saisit soudain de claironner sa disparition : cela risque de perturber les parents[17]. »

Au regard de ce contexte lourd de conventions sociales, Georges Bemberg a manifestement choisi de ne jamais parler de sa vie intime, sauvegardant ainsi radicalement son indépendance. Seules ses relations et amitiés pourront être évoquées dans son journal.

16 *Ibid.*, p. 30.
17 *Ibid.*, p. 29.

Les mondanités avec parcimonie

S'il garde soigneusement secrète sa vie privée, Georges Bemberg ne se leurre pas sur la nécessité des mondanités qui font et défont les bonnes fortunes, pour accéder notamment à une quelconque reconnaissance littéraire. Mais s'il appartient de fait à quelques réseaux mondains, il n'en cultive pas la surenchère et se garde bien de se mettre en avant. Dans son journal, là encore, il se plaît à raconter avec une certaine ironie quelques anecdotes de situations où chacun se met en scène, alors que lui-même choisit délibérément de se mettre en retrait, manière la plus sûre de sauvegarder là aussi son indépendance. Il cherche à éviter les « fâcheux » qui l'ennuient de trop ou, pire, les galas, au cours desquels les dames patronnesses risquent de le harceler en vue de quelques bienfaisances. Quant aux grands prix à Longchamp ou Deauville, s'il s'y risque, c'est parce qu'il ne lui déplaît pas d'être entouré de femmes élégantes qui lui rappellent sa ferveur enfantine pour les dames que peignait Nattier et que son père emmenait admirer s'il avait été sage. Cela ne l'empêche pas néanmoins de nourrir quelques fois certains propos misogynes à l'égard de « certaines femmes du monde, plus très jeunes ni très jolies, mais recherchées pour un bagou rodé par trente ans de mondanités[18] ». Quant aux visites ou aux dîners trop nombreux, il avoue craindre s'y ennuyer et révèle quelques-unes de ses stratégies pour se dérober

18. *Ibid.*, p. 119.

à certaines conversations : celles de la réserve, voire du retrait. Un exemple parmi d'autres en révèle les façons de faire : « Visite de Luis S., diplomate, courtois, d'excellente humeur, aussi mondain que je le suis peu. Sa vie de salon dont il tire un vif plaisir me fait l'effet, dès qu'il m'en parle, d'un pensum que je serais incapable d'assumer. Je suis trop fainéant pour déployer un tel effort ; si je ne sais pas faire de frais, j'ai besoin d'amis qui sortent beaucoup pour m'avertir de ce que je perds et de ce que je gagne à rester chez moi[19]. » Quelquefois, la consternation se fait plus radicale : « Déjeuné chez des amis anglais avec John Pope-Hennessy, le conservateur du British Museum ; froid, railleur, moins dédaigneux qu'il ne le voudrait, il étale ses paradoxes d'une voix suraigüe, entrecoupée de fous rires brefs. J'allais l'interroger sur les bronzes de la Renaissance italienne dont il est devenu l'arbitre, mais je me suis ravisé[20]. »

Il n'est pas nécessaire pour autant qu'il y ait incompatibilité d'humeur pour que Georges Bemberg, au cours de ces moments de convivialité avec des personnalités en vue, s'y morfonde face aux louvoiements auxquels s'adonne bien souvent « le mondain » au cours des conversations : « Il ne dit des autres ni du bien ni du mal, mais ce qu'il sait pouvoir insinuer en se taisant. Par peur de se faire des ennemis, il est aimable avec tout le monde sans toutefois marquer de préférence, pour ne

19. *Ibid.*, p. 49.
20. *Ibid.*, p. 22.

pas se lier d'amitié au hasard[21]. » Ainsi conclut-il : « Nous devenons moins ennuyeux qu'ennuyés dans la compagnie de ceux qui nous ennuient[22]. »

En revanche, Georges Bemberg a su s'entourer de quelques personnalités dans les milieux aussi bien littéraires que diplomatiques ou même scientifiques, mais celles-ci sont beaucoup moins nombreuses au sein de ses relations et surtout elles s'inscrivent dans la durée. Ce sont à proprement parler des amis, au masculin comme au féminin.

Les amis de longue date

On l'a noté plus haut, le voisinage familial entre Georges Bemberg et Victoria Ocampo a permis à celui-ci de se familiariser avec un milieu littéraire d'autant plus enrichissant qu'il débordait amplement les conventions strictes de son milieu familial. On se souvient de l'amitié qui s'était développée entre Georges Bemberg et Roger Caillois, et combien celui-ci l'avait soutenu dans ses premiers essais littéraires. Ce cercle avait permis au jeune auteur bien d'autres rencontres parmi lesquelles il convient de mentionner, entre autres, Ortega y Gasset, Jorge Luis Borges, Hermann von Keyserling... dont certains deviendront ses amis.

Jorge Luis Borges, de seize ans son aîné, le subjugue d'emblée par sa personnalité, sa fantaisie, sa poésie.

21. *Ibid.*, p. 46.
22. *Ibid.*, p. 44.

Il voue admiration et affection à cet homme que tant d'événements éprouveront. Alors même que le poète donne une conférence au Central Hall de Londres devant une salle comble, Georges Bemberg l'observe et jette le soir même quelques mots sur son journal sur ce personnage qui déconcerte : « L'homme est bouffi par son œuvre ; ses yeux sont globuleux pour avoir tant regardé de trop près. De s'être scruté à travers une loupe, il avait fini par ne plus rien voir. Encore voyant, il avait déjà l'air aveugle ; il ménageait sa cécité. Sa vue avait cessé d'être un sens, pour se changer en distraction – quelque chose qui distrait de soi, et ne sert plus à grand-chose. Il lui fallait une bibliothèque dont il avait la clef[23]. » Mais plus que son sérieux, c'est son espièglerie qui enchante Georges Bemberg. Alors qu'ils déjeunent ensemble dans un bistro, un étudiant l'apostrophe : « Vous savez, Borges, que j'écris. – Moi aussi. » Une dame perplexe : « Vous êtes bien le poète Borges ? – Momentanément[24]. »

Borges ne se prenait pas toujours au sérieux…

Aux côtés de ces relations littéraires dont certaines furent éphémères, Georges Bemberg se fit des amis, des « vrais », dont les liens, malgré souvent l'éloignement, se sont inscrits dans le long terme. On peut sans doute les compter sur les doigts de la main.

---

23. *Ibid.*, p. 32.
24. *Ibid.*, p. 87.

Denis de Rougemont qui, à l'instar de Roger Caillois, l'encouragera dans son travail littéraire, demeura l'un des plus fidèles. Il le retrouve tantôt à New York, tantôt à Buenos Aires, où il est l'un des hôtes de Victoria Ocampo (aux côtés de Saint-John Perse, Saint-Exupéry, Marcel Duchamp...), ou encore en France, dans le château de Ferney-Voltaire où il aime se retrouver aussi souvent que le lui permettent ses nombreuses activités. Auteur littéraire amplement reconnu – *L'Amour et l'Occident* (1939), *Politique de la personne* (1934), *L'Aventure occidentale de l'homme* (1957) –, Denis de Rougemont s'est par ailleurs distingué pour être un farouche défenseur de l'Union de l'Europe et pour la création d'un Centre européen de la culture, qu'il dirigera par la suite. Les conversations entre les deux hommes sont aussi animées que respectueuses, même lorsqu'ils se chicanent. Notamment, lorsque Georges Bemberg signale à son ami la reprise par la Comédie-Française de *La Reine morte*, celui-ci lui rétorque vertement : « Oui, mais je n'aime pas Montherlant quand il serre les fesses pour faire noble[25]. »

Une autre personnalité tout aussi reconnue dans l'univers littéraire deviendra également un peu plus tard l'un de ses grands amis. Il s'agit d'Alexis Léger, mieux connu sons son pseudonyme Saint-John Perse. Nettement plus âgé (1887-1975), il est déjà prix Nobel de littérature pour ses œuvres de poésie lorsque Georges Bemberg fait sa

25. *Ibid.*, p. 30.Denis de Rougemont avait d'ailleurs lui-même publié un texte sur Henry de Montherlant : « Henry de Montherlant et la morale du football », *La Semaine littéraire* de Genève, 1923.

connaissance dans les années 1960. Sa passion littéraire s'est doublée d'une carrière diplomatique qui l'entraînera jusque dans les confins de l'Asie (la Chine, la Mongolie) avant qu'il œuvre, aux côtés d'Aristide Briand, à la réconciliation franco-allemande et aux accords de Locarno en 1925. Il est contraint pendant la Seconde Guerre mondiale de s'exiler aux États-Unis, où il rejoint lui aussi les milieux littéraires. Il ne cessera pas pour autant par la suite de voyager entre New York, Buenos Aires, Londres et la France, surtout en Provence. Georges Bemberg raconte dans son journal l'une de ses premières rencontres avec lui à Boston en 1966 : « Déjeuner chez Peggy Boegner à Old Westbury où je retrouve Alexis Léger, son épouse, et Jo Ann Bliss, la comédienne. Il fait chaud. En nous levant de table, nous allons nous asseoir dans le jardin. Léger renverse son café sur son pantalon sans pour autant cesser de parler durant deux heures. Puis nous restons seuls, lui et moi, pendant que les autres font la sieste. Léger me parle d'Einstein, de Freud (ce petit homme vaniteux), de Claudel, de Mauriac, de Sartre. Il est encore très alerte malgré ses 79 ans. [...] Léger marche à mes côtés comme si nous nous connaissions de vieille date[26]. »

Plus discret que ne le sont Denis de Rougemont et Saint-John Perse, un troisième personnage complète le groupe d'amis puisqu'ils se connaissent les uns les autres et s'apprécient mutuellement. Il s'agit d'Étienne Boegner qui, à la même époque, est représentant du général de

26. *Ibid.*, p. 15.

Gaulle aux États-Unis. Les échanges de ce fils du pasteur Marc Boegner avec Georges Bemberg portent plus souvent sur les questions religieuses – les actions de Jean XXII et de Paul VI – et sur les politiques sociales, notamment sur les réformes sociales dites de gauche qui, du point de vue de Georges Bemberg, sont de longue date en vigueur aux États-Unis[27].

Les amies ne sauraient manquer à l'appel. Georges Bemberg n'a guère de complicité avec Antoine de Saint-Exupéry, en revanche il s'entend très bien avec son épouse Consuelo, qui deviendra veuve à l'issue du naufrage de l'aviateur lors d'une reconnaissance aérienne au-dessus de la Méditerranée. À la suite de ce décès, Consuelo se rapproche d'autant plus de Denis de Rougemont. Celui-ci contribue à l'écriture de son roman *Oppède* qui paraît chez Gallimard en 1947. Tout à la fois écrivain, journaliste, peintre et sculpteur[28], Consuelo de Saint-Exupéry contribue à souder le groupe d'amis auquel participe Georges Bemberg. Celui-ci et son amie poursuivront une correspondance sur plusieurs années. C'est elle qui, par ailleurs, lui présente Jean-Paul Sartre lors de son passage à New York. Même s'ils ne partagent pas les mêmes convictions politiques, cette rencontre avec Sartre, alors même que celui-ci est déjà amplement reconnu, est loin de laisser indifférent Georges Bemberg, qui lui a consacré de nombreuses lectures, ainsi qu'il le rapporte dans son

27. *Ibid.*, p. 56.

28. La féminisation de la langue française n'était pas encore en vigueur à cette époque.

journal : « Je finis de lire les *Carnets de la drôle de guerre*. Comme toujours avec Sartre, je me sens dénoncé, inculpé, et conforme à l'idée qu'il se fait d'un fils de famille, partant *salaud*. Sauté quantité de pages obscurcies par son jargon. Dès que je m'achoppe à des termes tels que "en soi", "pour soi", "ipséité", je tourne les pages jusqu'à ce que le texte redevienne limpide. [...] En retrouvant les carnets de Sartre, j'ai l'impression de déranger l'auteur. Et pourtant, en 1946 je n'ai pas hésité à le relancer. Je lui ai remis ma nouvelle *Le Retour de l'Eugape*, qu'il eut l'obligeance de lire. Il alla même jusqu'à me fixer un rendez-vous au Flore afin de m'en parler. À aucun moment je n'eus le sentiment de l'importuner. Je me rappelle mon enthousiasme après avoir lu *L'Âge de raison*. J'en faisais l'éloge à qui voulait m'écouter[29]... »

Une autre amitié féminine s'inscrira dans la durée. Il s'agit du lien que Georges Bemberg a longtemps entretenu avec Michelle Maurois, la fille de l'écrivain André Maurois. Elle-même écrit et publiera, entre autres, une trilogie basée sur une multitude de courriers familiaux – *L'Encre dans le sang*, *Les Cendres brûlantes* et *Déchirez cette lettre*, (1986). À propos de ce dernier ouvrage, un récit biographique qui fait revivre le Paris aristocratique et littéraire des années 1930, Georges Bemberg lui téléphone pour la féliciter chaleureusement. Il lui dit avoir apprécié tout particulièrement les chapitres sur sa belle-mère et, avant de raccrocher, il ajoute : « Comme vous avez bien fait de ne pas avoir d'enfants. "Oui, dit-elle, je me le répète tous

29. Georges Bemberg, *Journal atlantique*, *op. cit.*, p. 62.

les jours"[30]. » Georges Bemberg dîne souvent chez elle et c'est pour lui l'occasion d'avoir des nouvelles de ses amis – Denis de Rougemont, notamment – et de faire connaissance avec de nouvelles personnalités, René Tavernier, le père du cinéaste, et Maurice Druon[31] entre autres : « Au cours du dîner, je parle peu afin de mieux suivre Maurice Druon qui mène la conversation, en sorte que mon silence passe inaperçu[32]. » La conversation s'attarde sur les prochaines élections présidentielles aux États-Unis[33].

Au vu de la notoriété des personnalités dont s'entoure Georges Bemberg, on peut se demander si celles-ci ne composent pas le miroir dans lequel il aimait à se projeter. La question mérite d'être posée : Georges Bemberg était-il snob, voire snobissime ? Et d'ailleurs, il disait souvent : « N'est pas snob qui veut ! » Probablement l'était-il, et se reconnaissait comme tel : « snob sans être mondain ». C'est un snobisme qui pouvait se justifier parce qu'il n'était jamais construit contre quelqu'un, c'était plutôt une recherche d'excellence, et il était toujours respectueux de ceux qui l'entouraient, quel que soit leur statut social.

Même s'il s'est contraint à savoir gérer la solitude, l'amitié pour Georges Bemberg est une dimension sociale extrêmement importante quand bien même il est conscient de ses failles possibles : « Les vrais sages

30. *Ibid.*, p. 86.

31. Membre de l'Académie française et député.

32. Georges Bemberg, *Journal atlantique*, *op. cit.*, p. 63.

33. Ce sera la réélection de Donald Reagan.

acceptent de bon gré que les relations humaines ne soient pas faites pour durer[34] », disait-il. Et pourtant c'est dans la durée qu'il reconnaissait ses vrais amis. Que seraient des amitiés éphémères ? « Nos amis sont ceux qu'on a toujours connus, les autres ceux que l'on fréquente[35] », et de fait on endure mieux les travers d'un vieil ami que les qualités des autres. Ce qui est essentiel pour celui qui a toujours souhaité sauvegarder son indépendance se résume dans cette phrase : « L'amitié durable est celle qui vous permet d'être seul[36]. » Une rare confidence surgit malgré tout au fil des pages de son journal : « Je m'ennuie de mes amis chers et disparus. Je les attends comme s'ils devaient revenir. C'est une chimère qui soutient la patience. Au vrai, je m'ennuie de mes amis absents[37]. »

34. Georges Bemberg, *Journal atlantique*, *op. cit.*, p. 63.

35. *Ibid.*, p. 16.

36. *Ibid.*, p. 57.

37. *Ibid.*, p. 90.

Un collectionneur secret

« Aucun membre de la famille ne savait. Mon beau-père[1] ne savait que très peu de choses, il savait qu'il collectionnait mais il en parlait très peu, il était très secret. Il ne disait jamais : "Ah, j'ai acheté un Titien ou un Cranach." Donc on a constaté d'un seul coup l'ampleur de sa collection. Lorsqu'on a découvert tout ce qu'il avait conservé dans des entrepôts à New York et à Paris, on est tombé des nues. Quand, avec toute la famille, nous sommes venus pour l'ouverture du musée, on est restés complètement émerveillés. Je pense que son père en aurait été très fier s'il l'avait vue. Et mon beau-frère qui était vraiment lié avec lui ne savait pas ce qu'il achetait. De temps en temps il y avait un truc au dîner : "Ah, je suis passé tout à l'heure devant un antiquaire, j'ai vu un très joli bronze", mais c'est tout ce qu'il disait[2]. » Et quelques instants plus tard, dans la conversation, Jean de Yturbe précise que lorsqu'il fait visiter le musée le jour de son inauguration à Dominique Baudis, le maire alors de la ville de Toulouse, il était encore époustouflé de ce qu'il avait découvert la veille et l'avant-veille.

---

1. Il s'agit d'Édouard Bemberg, le frère de Georges Bemberg dont il était si proche.
2. Entretien avec Jean de Yturbe, le 11 mai 2022.

Philippe Cros, alors qu'il venait d'être retenu en tant que directeur de la Fondation, fut lui-même surpris et émerveillé lorsqu'en novembre, trois mois avant l'inauguration, il eut à superviser le déballage des très nombreuses caisses contenant la collection qu'il ne connaissait qu'à partir de livrets tapés à la machine et de quelques photos très mauvaises. La découverte de la collection Bemberg fut donc une surprise pour tous ses proches, et ce d'autant plus que jamais celui-ci n'en avait fait allusion dans ses écrits et pas même dans son journal. Une vie compartimentée, au fond, entre deux centres d'intérêt majeurs, son activité littéraire en premier lieu, qu'il considérait comme devant être son *œuvre*, son activité de collectionneur d'autre part, qu'il vécut sans doute initialement en dilettante pour en faire ensuite une activité beaucoup plus présente à partir des années 1970, au point de commencer à imaginer de la rendre publique.

On ne peut pas pour autant s'étonner complètement de ce que cet homme si cultivé ait pris plaisir à nourrir sa curiosité pour les arts, auxquels il avait été sensibilisé dès son enfance au sein de son milieu familial puis plus tard, tant par sa relation avec Nadia Boulanger, qui débordait amplement les exercices de composition, que par les milieux littéraires et artistiques auxquels Victoria Ocampo lui avait donné accès. Non seulement l'art était présent dans les appartements de ses parents – des Fragonard et des Nattier notamment, qu'il aura plutôt tendance à rejeter par la suite –, mais on ne peut douter que ses parents ou la gouvernante aient eu le souci d'emmener les enfants visiter quelques musées. Bien avant leur naissance, le président argentin, Miguel Juárez, avait décidé de faire participer l'Argentine florissante à l'Exposition universelle à qui l'on doit quelques-uns de ces grands travaux comme la tour d'Eiffel. On peut imaginer l'effervescence qui gagna les grandes familles bourgeoises et sans doute celle-ci frappa encore plus les esprits lorsqu'il fut décidé que le pavillon – l'un des plus grands et des plus exubérants de l'exposition – devait être démantelé et rapatrié sur le bateau *Ushuaia* en Argentine. Quand bien même une tempête nécessita de jeter à l'eau une partie de la cargaison et avec elle des toiles du peintre Albert Besnard[3], le musée conçu à partir des restes du bâtiment en fer prit place à la Plaza San Martín et y demeurera jusqu'en 1930, ce qui permit sans doute une visite des lieux par les jeunes Bemberg.

Cet environnement familial, qu'il se situe à Buenos Aires ou à Paris, autorisa donc sans nul doute Georges Bemberg à être très tôt au contact de l'art sous ses multiples variantes. Il a été mentionné plus haut l'intérêt que celui-ci a porté très tôt à la lecture et on ne peut être surpris que les objets qui constituèrent les premières pièces de sa collection furent des livres reliés, encouragé d'ailleurs en cela par son oncle Luis Bemberg. Il se souvenait notamment avoir acheté rue des Saints-Pères, alors qu'il était encore adolescent, avec son argent de poche, un magnifique exemplaire des *Fables de La Fontaine* richement

3. Albert Besnard (1849-1934), peintre et graveur français influencé par l'impressionnisme.

illustré. Lorsqu'il rendait visite à son cousin Jacques au château de Pontrancart en Normandie, il était fou d'admiration devant la collection des reliures anciennes de son oncle, qu'il consultait attentivement. Et de fait, à leur arrivée à l'hôtel d'Assézat, certaines caisses contenaient quantité de magnifiques reliures, dont une paire accompagnée de peintures de François Boucher (1703-1770).

Livres et peintures se sont ensuite bien vite côtoyés. Lors de l'unique entretien auquel Georges Bemberg accepta de se livrer, à l'occasion de l'inauguration de la Fondation, auprès d'un journaliste de *L'Express*, il confia l'émotion qu'il ressentit lors de sa première acquisition picturale. Il s'agissait d'une très belle gouache et pastel de Camille Pissarro[4] (1830-1903) datant de 1898.

On pourrait être surpris, à tort, que ce fut à New York qu'il découvrit cette œuvre assimilée au courant impressionniste. En fait, alors même que la France fut très longtemps réfractaire à ce mouvement au point d'abhorrer ces pionniers que furent Claude Monet, Alfred Sisley, Berthe Morisot, Gustave Caillebotte, Camille Pissarro, Auguste Renoir, Edgar Degas... on doit au grand marchand et collectionneur Paul Durand-Ruel d'avoir vaincu le mépris français. Il fut en effet le premier à soutenir ces jeunes peintres au seuil de la misère, en leur achetant un très grand nombre de leurs œuvres et surtout en ayant la bonne idée de les faire connaître aux États-Unis dès 1886, persuadé que les Américains seraient beaucoup moins

4. *Cf.* p. X.

embrigadés dans leurs préjugés esthétiques. En gagnant le cœur de ce grand couple de collectionneurs que furent Louisine et Henry Osborne, l'Amérique fut plus prompte à s'intéresser à ces génies de la lumière. *Le Pont de Mâcon* qu'acquit le jeune Bemberg, et qui fait encore partie de la Fondation, est de fait une pure vibration de la couleur, tout à fait emblématique de ce que fut le talent fort tardivement reconnu de Pissarro, pourtant plus âgé que ses jeunes amis.

L'acquisition de cette gouache fut ainsi l'ébauche d'une collection de tableaux. Après s'être passionné pour le théâtre auquel il s'était adonné à New York à la fin des années 1970, il envisage de se consacrer plus sérieusement à sa collection. Au sein de celle-ci figureront des œuvres se rattachant à des périodes et à des mouvements fort différents, qui s'étendent de la Renaissance jusqu'au milieu du XXe siècle. La peinture ancienne – du XVIe et du XVIIIe siècle – côtoie l'époque moderne – celle des impressionnistes, des nabis et des fauves – sans qu'un ordre précis ait prévalu à leur acquisition. Outre sa discrétion, un autre trait saillant de ce collectionneur qui, en 1994, a déjà rassemblé plus d'un millier d'œuvres d'art est de ne s'être jamais donné d'autres critères que le sentiment esthétique et l'émotion qu'elles faisaient jaillir en lui, ce qui fait tout le charme et la personnalité de cette collection. Ni enjeu spéculatif ni souci d'ordre chronologique n'ont présidé à ses acquisitions, à l'opposé de bien d'autres collectionneurs. « Ce qui distingue la collection Bemberg, tient à préciser Philippe Cros qui assura la direction de la Fondation pendant si longtemps, c'est qu'elle n'est rien d'autre que le fidèle reflet du goût de son auteur[5]. » On s'attachera plus loin à tenter, à travers ses choix, de mettre en relief ses profondes affinités.

La collection de Richard Seymour-Conway, plus connu sous le nom de lord Hertford, que son fils Richard Wallace fut chargé de poursuivre, fut sans doute, pour Georges Bemberg, une référence magistrale. Francophile comme son père, celui-ci l'enrichit considérablement d'un grand nombre de toiles flamandes du XVIe et XVIIe mais aussi d'œuvres de l'école française où se côtoient Fragonard, François Boucher, Jean-Baptiste Greuze, Watteau ou encore Nicolas Poussin. Richard Wallace acquit également un très grand nombre d'objets d'art – céramiques, nombreux meubles, dont certains d'origine royale, armes et armures, porcelaines, etc. Ce magnifique ensemble est conservé dans la demeure londonienne – la Wallace collection – constituée en 1897 à la suite du don qu'en fit son épouse. Nul doute que ce musée que ne manquait pas de visiter Georges Bemberg lors de ses venues à Londres constitua à ses yeux un modèle dont il s'est inspiré. Si sa propre collection n'a pu atteindre la somme des quelque 5 500 objets déposés dans les vingt-cinq galeries qui agrémentent ce musée, elle s'est en revanche enrichie des innovations remarquables de l'école moderne du XIXe siècle, ces trésors qui touchent tant le public contemporain.

---

5. Philippe Cros, *Peintures anciennes*, Somogy/Fondation Bemberg, 2000.

Nombreux sont les collectionneurs qui, bien au contraire, sont ceux d'une seule époque, la leur et celle de leurs amis peintres dont ils étaient les mécènes. En France notamment, Henri Rouart, grand industriel en même temps que peintre reconnu, a réalisé tout au long de sa vie l'une des plus belles collections impressionnistes. Au gré des liens amicaux qui pour certains ont donné lieu à des mariages, cette collection qui malheureusement a dû être dispersée à partir de 1912 ressemblait en quelque sorte à un album de famille. Rien de tel évidemment pour Georges Bemberg qui, discret et timide comme il l'était, n'a jamais recherché un contact intime avec les artistes qui lui étaient contemporains.

De même, il est intéressant d'établir une comparaison avec d'autres grands collectionneurs qui ont également développé un intérêt pour les artistes de leur époque, celle qui débute avec le mouvement impressionniste et se poursuit jusqu'à l'art moderne en l'incluant. Le collectionneur russe Ivan Morozov, par exemple, cherchait à acquérir l'œuvre la plus représentative d'un artiste, quitte à devoir patienter durant des années si cela s'avérait nécessaire. Dans le catalogue qu'il fit de la rétrospective posthume de Cézanne, il inscrivit en face du n° 54 un point d'interrogation. L'emplacement vide ne fut occupé que trois ans plus tard par le *Paysage bleu* (1903)[6]. Ce collectionneur était très pointilleux, il s'inquiétait toujours de saisir quelle était l'œuvre la mieux à même de représenter tel ou tel auteur.

6. Natalia Semenova, *Les Frères Morozov, collectionneurs et mécènes*, Solin/Actes Sud, 2021, p. 139.

Il est vrai qu'il avait aussi le souci de s'interroger sur l'harmonie qu'une toile pourrait ou non entretenir avec les autres sur les murs de son palais, guettant l'appréciation de ses visiteurs. Rien de tel non plus chez Georges Bemberg, qui donnait la priorité aux coups de cœur, indépendamment de ses acquisitions antérieures, et qui n'avait pas le loisir de les contempler du fait de sa vie nomade.

Ce qui distingue aussi Georges Bemberg de bien d'autres collectionneurs de son époque, c'est qu'à côté de sa splendide collection de peintures il a nourri un grand engouement pour toutes sortes d'objets d'art, rendant sa collection encore plus éclectique, mais aussi plus personnelle. Georges Bemberg a développé en effet une grande attention au savoir-faire qui fait de l'objet un objet d'art. Sa collection s'est agrémentée notamment d'un très grand nombre de bronzes de la Renaissance, qui sont pour partie à relier à son attachement à l'école vénitienne, de même que de toutes sortes d'objets précieux : tapisseries, porcelaines de Chine, horloges, émaux, majoliques, marqueteries, objets d'orfèvrerie, etc. On quitte dès lors le monde de ce que seul l'œil peut épouser pour tout un univers à même de satisfaire le plaisir que peut engendrer le toucher, la caresse du bout des doigts. Ses quelque cent cinquante bronzes de la Renaissance constituent, en quelque sorte, une collection dans la collection. Outre la qualité intrinsèque de ces sculptures, celle-ci, encore présente dans la Fondation, a l'avantage de proposer un genre artistique moins connu du grand public.

Principalement réalisés dans les ateliers de Florence, Padoue et Venise, les bronzes faisaient honneur, grâce à leur petite taille, aux cabinets des érudits des XVe et XVIe siècles, avant de transiter, du fait de leur succès, vers le reste de l'Europe par le biais de collections privées qui gagnèrent à leur tour les marchands américains. Leur diversité est très grande et, si l'enjeu est essentiellement décoratif, un grand nombre d'entre eux ont aussi une dimension utilitaire : salière, lampe à grotesque, heurtoir, etc. Très représentatifs de l'engouement de la Renaissance italienne pour la culture antique, ils ne peuvent que captiver l'amateur par leurs variantes et la délicatesse de leur ciselure ou de leur patine. On imagine sans difficulté combien le plaisir de posséder de tels objets en stimule la recherche et l'acquisition.

Comment, par exemple, ne pas être subjugué par les œuvres d'un sculpteur tel que Ferdinando Tacca (1577-1640), empreint tout à la fois du génie de Michel-Ange – de sa force et de sa tension – et de Giambologna, dont il fut d'abord l'assistant puis l'héritier de l'atelier en 1608 ? L'une de ses œuvres, conservée par la Fondation – *Hercule et le sanglier d'Érymanthe* –, subjugue par la synthèse du héros et de l'animal, leur force jumelée et conjuguée. Hercule devait capturer vivant ce monstre qui ravageait les pâturages de l'Arcadie. Il « le poursuivit sur de hautes montagnes recouvertes de neige et, l'ayant épuisé, le contraignit à se réfugier dans une gorge étroite où il put s'emparer de lui[7] ».

7. Philippe Cros, *Bronzes de la Renaissance italienne*, Somogy/Fondation Bemberg, 1996, p. 112.

Deux autres versions de ce bronze sont au Louvre et au Museum of Fine Arts de Boston. Des pièces rares.

Ces bronzes de la Renaissance italienne suscitent la délectation du connaisseur en faisant resurgir le fameux fonds mythologique occulté des siècles durant. Chacun d'entre eux, selon l'atelier dont il provient, a sa singularité et stimule l'amateur à en découvrir d'autres, éveillant les symptômes de la passion. « Leur découverte éveille le collectionneur à transformer la contemplation en possession et la possession en connaissance[8]. » « Vertige de la nouveauté, le désir est tout », comme le confiait Debussy en 1893 à propos de sa passion pour les bibelots. « On a une envie folle et sincère, presque un besoin d'un objet d'art... Quelle joie le moment où on le possède, c'est vraiment de l'amour[9]. » Les bronzes ont aussi cet avantage précieux de pouvoir trouver un emplacement dans des espaces réduits – guéridons, étagères... – où l'on hésite entre toucher et ne pas toucher. Si le collectionneur peut céder au plaisir du contact et de la caresse, la vitrine est là pour que le visiteur puisse contempler les objets sans les toucher. Dans l'appartement, rue du Dragon, ils ont aisément trouvé leur place, environnés de magnifiques reliures.

Tableaux de grands maîtres, quantité de magnifiques bronzes de la Renaissance, la passion de Georges Bemberg ne s'arrête pas là, puisqu'il est aussi un fervent amateur

8. Edmund de Waal, *Le Lièvre aux yeux d'ambre. Une collection mythique, un siècle d'histoire : splendeur et déclin de la famille Ephrussi*, Flammarion, 2015.

9. Claude Debussy, « Lettre au prince Poniatowski, février 1893 », *Correspondance*, Gallimard, 2005.

d'objets précieux de toutes sortes. Dans cette aptitude à s'intéresser à des genres artistiques fort divers qui le distingue de la plupart des collectionneurs du XXe siècle, il ne peut pas ne pas nous faire songer au *Cousin Pons* dont Balzac s'est plu à décrire quelques-uns des talents et des travers. Ce dernier emprunte essentiellement son personnage à l'un de ses amis, le grand collectionneur Alexandre-Charles Sauvageot (1781-1860). Celui-ci, cent cinquante ans plus tôt, a ceci de commun avec Georges Bemberg, d'avoir pratiqué la musique. Il est violoniste, célibataire et très discret dans ses manières, sans recherche de luxe. Il s'intéresse tout particulièrement aux objets d'art du Moyen Âge et de la Renaissance, mais il est si secret que nul ne soupçonne ses vraies richesses[10]. Lorsque Balzac décrit le « musée Pons » (comme on dit le « musée Calvet » à Avignon), il fait allusion à un « bric-à-brac » digne d'un véritable « chineur » qui ouvre la voie à ce « collectionnisme » si prisé dans le Paris de 1847[11].

Il est peu probable qu'un collectionneur tel que Georges Bemberg aurait pu s'enorgueillir d'être un bon « chineur », mais au-delà de la caricature que fait Balzac du cousin Pons, il est possible de noter quelques ressemblances entre Georges Bemberg et Charles Sauvageot, dont la collection en 1856 comportait quelque 1 680 œuvres d'art de grande qualité. S'ils n'appartenaient pas au même milieu social ni

10. Alexandre-Charles Sauvageot a en fait légué une première partie de sa collection au cabinet des Médailles de la Bibliothèque royale en 1839 et le reste au Louvre en 1856.

11. Adrien Goetz, préface de l'édition *Le Cousin Pons*, Gallimard, 2022.

à la même époque, l'un et l'autre épris de musique étaient fort secrets et ne faisaient pas état de leurs acquisitions. De même, ils se démarquaient par leur mépris vis-à-vis de toute mode, donnaient la préférence aux prix avantageux, et surtout se sont distingués par leur éclectisme, qui n'a gâté en rien l'éclat de leur collection. S'il s'est écoulé plus d'un siècle entre eux, le passé auquel appartenait Charles Sauvageot ne fait pas de Georges Bemberg « un homme du passé ». La collection qui porte son nom est surtout le reflet d'un homme qui sut se préserver des modes éphémères et des comportements ostentatoires des nantis, alors même qu'il bénéficiait d'une grande aisance, d'une excellente culture artistique et d'une liberté certaine.

La création de la Fondation

Dans les années 1980, Georges Bemberg, dont la collection s'est considérablement amplifiée, commence à songer à la création d'une fondation à même d'abriter celle-ci. Qu'il s'agisse de son appartement à New York ou de celui de Paris, l'un comme l'autre étaient trop exigus pour que le collectionneur puisse s'entourer de ses acquisitions. Rue du Dragon, certains de ses tableaux étaient sous son lit et dans les placards, et Georges Bemberg s'était vu contraint de s'adresser à une société de gardiennage. Par ailleurs, il semble évident qu'il ait souhaité permettre à un public la découverte de tant de chefs-d'œuvre, et tout particulièrement à un public jeune auquel, on le verra, il prêtera toute son attention. Il est légitime de qualifier Georges Bemberg d'humaniste pour qui la notion d'intérêt public a du sens. On ne peut pas non plus écarter l'idée selon laquelle il ait eu le souci de rendre grâce à sa famille, notamment à ses parents encore en vie à cette époque-là, pour ce patrimoine dont il bénéficiait. De même, alors qu'il avait surpris les siens et déconcerté son père en particulier de s'être tenu si éloigné du suivi des entreprises familiales, peut-être avait-il à cœur de mettre au grand jour le fruit de ses préoccupations au cours de tant d'années.

La recherche d'un lieu d'accueil pour la Fondation

En 1987, lorsque Georges Bemberg cherche à préciser son projet, son entourage familial lui conseille de s'orienter vers la Suisse. La première des questions qui se posait était alors celle de l'exportation de la collection vers la Suisse à l'époque où la réglementation sur les exportations d'œuvres d'art était encore plus stricte qu'aujourd'hui. Christian Baillet, conseiller financier de la famille, fait alors appel à Fabrice Goguel, avocat spécialisé notamment en matière douanière, puisqu'il avait déjà travaillé pour celle-ci à propos d'un problème fiscal. Georges Bemberg, alors qu'il ne connaît pas encore le jeune avocat, lui demande dès lors de se renseigner, de manière anonyme, auprès de la Direction des musées de France. Il en ressort très vite que l'exportation de certains tableaux – ne serait-ce que les Cranach – serait difficile à obtenir et soumise à contrepartie. En réalité, Georges Bemberg n'avait pas encore d'idée précise sur le pays et un lieu à même d'accueillir sa collection. Il avait sans succès prospecté en Espagne et en Argentine, mais celle-ci avait été exclue pour des problèmes juridiques. Il revint donc à Fabrice Goguel de l'orienter plutôt vers la France : « Je lui ai dit que les œuvres d'art étaient difficiles à exporter. Pourquoi aller au-devant de tant de difficultés ? Et au fond de moi, je n'avais pas spécialement envie de sortir à tout prix sa collection. Je le lui ai dit un peu en passant... et j'ai été surpris de constater qu'il n'était pas du tout fixé sur la Suisse, et encore plus surpris qu'il me prenne au mot ! Il m'a dit en quelque sorte : "Si vous voulez que ce soit en France, trouvez-moi un lieu adapté", alors que bien entendu cela n'avait plus rien à voir avec ma spécialité... Mais le projet était si intéressant que j'ai accepté d'emblée[1]. »

Dans une première phase, Fabrice Goguel évoque la ville de Tarascon dans le Midi provençal où lui-même a de nombreux contacts. Située près de la rive gauche du Rhône, Tarascon a un accès aisé avec Avignon et Aix-en-Provence. Richement dotée d'une forteresse édifiée par les princes d'Anjou (1400-1435) et d'une belle abbaye du IXe siècle à proximité, elle attire de nombreux visiteurs. Après une rencontre avec le maire et une visite détaillée du centre historique, il apparut assez vite que l'hôtel particulier auquel avait pensé Fabrice Goguel nécessitait des travaux très importants et que Tarascon, malgré son charme et ses attraits, manquait d'envergure. Ce fut alors Arles qui fit ensuite l'objet d'une attention particulière. Une rencontre eut lieu avec Jean-Pierre Camoin, le maire, et avec Jean-Maurice Rouquette, le conservateur du musée Réattu, et en effet il fut mis en avant un vaste local à proximité du musée arlésien d'excellente réputation.

1. Entretien avec Fabrice Goguel, le 18 juillet 2022.

La proposition cependant ne reçut pas l'adhésion de Georges Bemberg pour différentes raisons, d'une part parce qu'il fut fait d'emblée mention d'une donation pure et simple, ce qui n'était pas dans l'intention du collectionneur, d'autre part parce que, lors de leur visite, la vitrine culturelle de la ville se référait largement à l'art antique, de telle sorte que Georges Bemberg ne trouvait pas le lieu très adapté pour sa collection.

Toulouse, héritière de la Fondation Bemberg

C'est sur ces entrefaites que Fabrice Goguel apprit incidemment par un architecte de la région toulousaine – Patrick O'Byrne – que Dominique Baudis souhaitait mettre davantage à l'honneur le magnifique hôtel d'Assézat, joyau de la Renaissance, situé au cœur de Toulouse. Georges Bemberg ne pouvait rêver mieux que ce lieu d'exception. Sa construction, qui remonte à la seconde moitié du XVIe siècle, est due à Pierre Assézat, négociant ayant fait fortune dans le pastel, dont le commerce était alors florissant. Sa construction est confiée à l'architecte Nicolas Bachelier, qui réalise en 1555 le corps de logis formé de deux ailes perpendiculaires reliées par un escalier. Après le décès de celui-ci, ce sera son fils qui dirigera ensuite les travaux du pavillon d'entrée, de la galerie ouverte sur la cour et, enfin, de la coursière qui anime le mur mitoyen aveugle. Lorsqu'en 1761 l'hôtel est acheté par le baron Puymaurin, la façade et les appartements seront modernisés.

L'hôtel d'Assézat résulte donc de deux campagnes de travaux bien distinctes. La première date de la Renaissance. Elle met en place la cour et les façades dont les travées sont délimitées par des colonnes en pierre se superposant sur trois étages, reprenant sur le modèle antique les ordres dorique, ionique et corinthien. La seconde remonte au XVIIIe siècle : elle remplace les fenêtres à meneaux par de grandes baies au premier niveau pour éclairer les salons nouvellement créés[2].

Voilà donc un projet qui ne pouvait que combler les vœux des uns et des autres, à l'exception toutefois des sociétés savantes qui y avaient demeuré pour leurs réunions, ainsi que l'avait spécifié Théodore Ozenne lorsqu'il avait légué l'hôtel d'Assézat à la ville de Toulouse. Depuis 1894, six sociétés siégeaient régulièrement dans la plus grande salle de cet hôtel majestueux, parmi lesquelles l'Académie des sciences, inscriptions et belles-lettres de Toulouse fondée en 1640, la plus ancienne d'entre elles étant l'académie des Jeux floraux, fondée en 1323. Ces académies, essentiellement composées des membres des grandes familles toulousaines, y poursuivaient leurs échanges, et ce encore aujourd'hui, fructueux si l'on en juge par leurs publications et les séminaires qu'elles organisent régulièrement. Parfaitement instruites de leurs droits – l'une d'entre elles est l'académie de législation –, ces sociétés n'entendaient pas du tout céder leur territoire, qui en plus de la grande

2. Pour une approche approfondie de l'historique de l'hôtel d'Assézat, lire le magnifique ouvrage réalisé par l'Association des amis de l'hôtel d'Assézat : Louis Peyrusse et Bruno Tollon (sous la dir. de), *L'Hôtel d'Assézat*, Association des amis de l'hôtel d'Assézat, 2002.

salle était assorti de locaux où ces messieurs pouvaient entreposer toutes les archives. Les négociations dès lors s'avéraient difficiles, voire houleuses.

Fabrice Goguel garde de ces deux années nécessaires pour obtenir une entente un souvenir à la fois excitant et douloureux sur lequel il est intéressant de revenir précisément. Les premières conversations ont été rapidement confirmées par un échange de courriers. La lettre qu'adresse Georges Bemberg à Dominique Baudis le 29 septembre 1989 expose les principes de son projet, fait allusion à une précédente visite à l'hôtel d'Assézat et évoque, comme une question à résoudre, les locaux des académies. Dominique Baudis, le 26 octobre, lui répond en confirmant son intérêt pour le projet : « J'userai de tout mon poids, lui écrit-il, pour que toutes les difficultés qui pourraient éventuellement surgir soient aplanies[3]. » Dans un nouveau courrier du 22 janvier 1990, le maire affirme que les sociétés savantes « ne s'opposent pas au principe d'une cohabitation dans ce lieu pour votre Fondation[4] », ce qui, au vu de la suite, est optimiste. La solution proposée par la ville de Toulouse n'avait pas l'agrément de tous. Il s'agissait de construire un immeuble moderne, situé juste à l'arrière de l'hôtel, qui accueillerait leurs bureaux, les sociétés devant s'engager en échange à libérer une grande partie de l'hôtel. Le prestige n'était évidemment pas le même et certains des membres de ces sociétés sont

3. Source Fabrice Goguel, 7 septembre 2022.
4. *Ibid.*

demeurés sur leur position qu'ils savaient légale puisque le legs de Théodore Ozenne avait à charge d'héberger les sociétés savantes. S'ensuivirent ainsi d'âpres négociations qui furent suffisamment tendues pour que les académies saisissent le tribunal administratif du problème.

Ces deux années furent ainsi chargées d'inquiétude pour Fabrice Goguel, qui tentait tout au long des mois qui se succédaient de maintenir Georges Bemberg dans un état de confiance, autant que possible. Lui-même ne se sentait pas en état de grâce du côté de sociétaires qui pour certains voyaient d'un mauvais œil cet avocat débarquant en compagnie d'un Argentin richissime. Les réunions se multipliaient, et l'inquiétude de Georges Bemberg ne faisait que grandir. « Cela lui plaisait et en même temps on était incapable de lui garantir que cela allait se faire. Je me souviens de la phrase qu'il me rappelait très souvent : "L'important c'est qu'il n'y ait pas de surprise." Cela reflétait son état d'esprit. Il avait toujours peur, même au moment où l'on était à peu près sûr que cela fonctionnait ; il craignait que cela n'aboutisse pas. Il n'a donc vraiment pas aimé cette période[5]. » Une nouvelle source d'inquiétude était aussi apparue en juillet 1990 sous la forme d'une campagne de presse en Argentine qui trouvait choquant qu'un citoyen argentin préfère la France pour un tel projet. C'est ainsi qu'au cours de ces longs mois une relation de confiance entre Georges Bemberg et Fabrice Goguel s'est construite durablement. Bien qu'elle se soit toujours

5. Entretien avec Fabrice Goguel, le 18 juillet 2022.

restreinte aux rencontres professionnelles, Fabrice Goguel, dit-il, s'attacha considérablement et au projet et à la personnalité du collectionneur, cherchant jusqu'au bout à maintenir le cap.

En 1992, une convention intervint enfin entre la ville et les académies, déterminant les locaux et les principes généraux du règlement intérieur, qui permit par la suite une cohabitation dans les meilleurs termes. La construction de l'immeuble mis à disposition des sociétés pouvait être entamée, de même que le gros chantier de rénovation de l'hôtel d'Assézat en vue de sa conversion en musée. Il avait fallu plus de deux ans pour y arriver... À partir de ce moment-là, deux personnes durent mettre en œuvre leurs compétences, d'une part Christian Baillet, gérant du groupe Bemberg, que Fabrice Goguel connaissait depuis 1980, d'autre part l'architecte Patrick O'Byrne qui, du fait de sa proximité avec Toulouse et de son profil professionnel, avait été très tôt averti des ambitions de Dominique Baudis. Originaire d'une très vieille famille irlandaise installée en France depuis le XVIIIe siècle, Patrick O'Byrne est le propriétaire[6] du château de Saint-Géry dans le Tarn. Lorsque le projet de la Fondation prend forme, son activité architecturale est de toute évidence au diapason avec les objectifs, puisqu'il a à son actif la programmation de très nombreux musées en France et à l'étranger (le Centre Pompidou, le musée d'Orsay...) et a acquis une expérience importante en muséographie.

6. Jusqu'à son décès survenu fin 2011.

C'est donc à lui qu'il reviendra de gérer la conception du futur musée et le chantier de rénovation dans un premier temps, puis après les travaux l'installation muséographique proprement dite. Pendant les deux années qui seront nécessaires pour cette vaste opération, Christian Baillet et Fabrice Goguel travaillent ensemble à l'établissement financier, juridique et administratif de la future fondation en laissant à l'écart Georges Bemberg, qui n'était guère compétent et qui surtout ne s'y intéressait pas beaucoup. Il y eut heureusement l'appui indéfectible de Dominique Baudis, et de son adjoint à la Culture Julien Andrès, qui, au quotidien, a joué un rôle essentiel dans l'aboutissement du projet.

Une fondation est un organisme mixte puisque c'est une institution de droit privé tenue par des personnes privées mais qui ne peut être constituée qu'avec un avis du Conseil d'État. Pour que cet avis soit positif, il faut présenter un projet solide dont on détient les moyens de financement et qui présente un intérêt public. La fondation dès lors devient une personne morale complètement distincte de son fondateur. Il était donc clair que les œuvres d'art que Georges Bemberg apportait à la Fondation constituaient une donation irrévocable. Si certaines d'entre elles devaient éventuellement être vendues, ce n'était pas pour qu'elles reviennent à son patrimoine, mais uniquement pour permettre à la Fondation d'enrichir la collection. Le conseil d'administration, par ailleurs, n'inclut qu'un tiers de personnalités publiques ; autrement dit les fondateurs, dont la plupart sont encore des membres de la famille, conservent pour la gestion de la Fondation les cartes en main.

C'est au regard du statut de cette fondation que l'on se rend compte à quel point Georges Bemberg a été clairvoyant et généreux. Le plus souvent, dans ce contexte, il est décidé que lorsqu'on fait une donation, celle-ci devra demeurer intangible. Georges Bemberg a été ici très perspicace. Connaissant les lacunes de sa collection et l'excès, à l'inverse, de certains objets sans grande valeur muséale, il accepta en effet le principe selon lequel une partie de la collection pourrait être éventuellement vendue pour faire l'acquisition d'œuvres plus intéressantes. Seules quelques œuvres (une centaine) avaient été déclarées inaliénables, celles auxquelles le collectionneur était tout particulièrement attaché. Et de fait, on le verra, après son décès, la Fondation s'efforcera de nettoyer la collection qui, à certains égards, était trop riche en bibelots et mobiliers pour réaliser de nouvelles acquisitions picturales, ce qui ne peut se pratiquer que dans le contexte d'une fondation privée. La ville de Toulouse, quant à elle, s'engageait à prendre à sa charge les travaux de réhabilitation les plus importants, et d'autre part à louer une partie de l'hôtel d'Assézat à la Fondation. Le décret de la constitution de la Fondation – intitulée à l'époque Fondation Georges-Bemberg[7] – a été publié le 24 janvier 1993. Les travaux pouvaient donc dès lors être entamés.

7. Les statuts seront modifiés un peu plus tard pour que la Fondation ne soit plus connue que sous l'intitulé Fondation Bemberg. Son fondateur considéra en effet qu'elle se devait de représenter intégralement sa famille.

Le choix d'un directeur de la Fondation

Lorsque Philipe Cros apprend par un ami que la Fondation Bemberg lance un recrutement, il y répond « d'abord par de petites touches, dit-il, car il ne veut rien précipiter[8] ». À cette époque, il a plutôt le désir de partir aux États-Unis. Natif de Toulouse, il vient de terminer ses études à Paris. Diplômé de l'École du Louvre (spécialité Renaissance) et d'un DEA à l'université Paris IV, il a acquis également une formation de juriste en droit international privé. Un parcours qui ne pouvait qu'intéresser la Fondation alors qu'elle débutait dans ses fonctions. Le CV qu'il envoie ne passe donc pas inaperçu et donne lieu à une première rencontre très courtoise avec Georges Bemberg, rue du Dragon. Un second rendez-vous lui est à nouveau proposé. Le grand souci du fondateur était de s'assurer que le candidat ne soit pas trop jeune pour diriger une équipe. Il fut aussi évidemment question d'histoire de l'art à propos des objets qui étaient autour d'eux, sans que jamais Philippe Cros n'ait eu le sentiment de passer un examen. « Ce n'était pas du tout son état d'esprit. Il m'a proposé de me montrer ce qu'il y avait dans un placard où se trouvaient tous les petits bronzes qu'il n'avait pas la place ou la volonté de montrer car il était convaincu que c'était un domaine qui était réservé à des spécialistes. Et je lui ai dit que c'était le domaine que j'avais le plus étudié à l'École du Louvre et que je préférais[9]. »

---

8. Entretien avec Philippe Cros, le 17 mai 2022.
9. *Ibid.*

Philippe Cros est ensuite contacté par Christian Baillet et par l'architecte Patrick O'Byrne, qui souhaitaient l'un et l'autre l'embaucher rapidement. Sans doute le choix s'est fait, pour Georges Bemberg, sur des critères humains et les connaissances en histoire de l'art, et pour les autres sur le potentiel d'un directeur doublé d'un diplôme en droit international. Et de fait, le premier conseil d'administration qui eut lieu l'a fort bien accueilli. Il ne lui restait plus qu'à se mettre au travail, d'abord en tant que gestionnaire d'une future équipe, puis à propos de l'accrochage.

Si le directeur de la Fondation nouvellement nommé n'a guère été sollicité à propos de la maîtrise d'ouvrage, en revanche il s'attelle à l'accrochage en partenariat avec Patrick O'Byrne, mais aussi avec ceux que la mairie a souhaité rendre présents : Alain Mousseigne, conservateur du musée des Abattoirs de Toulouse, Claudine Sudre, conservatrice du Muséum de Toulouse... Tout se passe de manière collégiale et consensuelle, sans réel dialogue avec Georges Bemberg, qui se tient en retrait du chantier, et sans doute est-ce regrettable. Bien que Patrick O'Byrne ait grandi dans le château du XVIIIe siècle de Saint-Géry, ses options en muséographie sont en effet plutôt minimalistes, au diapason avec le contexte contemporain. De toute évidence cela tranche avec les goûts beaucoup plus traditionnels du collectionneur qui, à bientôt 80 ans, aurait préféré voir sa collection nichée dans un cocon plus intimiste, celui d'un hôtel particulier... À la place des murs blancs, il aurait préféré des tapisseries, mais c'est précisément ce style quelque peu vieillot que Patrick O'Byrne a cherché à éviter. Toujours soucieux de ne pas courir le risque de froisser l'architecte avec qui il sympathisait et dont il appréciait beaucoup, au demeurant, la culture et le goût, ce n'est qu'au moment de l'inauguration qu'il osa timidement exprimer sa déception. Dans les semaines qui suivirent, avec la complicité de Philippe Cros qui partageait un peu son point de vue, l'équipe s'est ainsi employée à lui apporter quelque satisfaction : un peu de velours par-ci, un peu de tapisserie par-là ; les emplacements dans les pièces ont été aussi quelque peu modifiés, de telle sorte qu'en certaines salles on s'approcha du modèle d'un cabinet de curiosité.

Pendant ces années qui furent nécessaires pour faire de l'hôtel d'Assézat un musée, Georges Bemberg, quant à lui, s'est préoccupé de revisiter sa collection et d'en retirer quelques pièces qui lui semblaient ne pas mériter leur présence dans un musée de qualité, ainsi qu'il l'exprime avec tant de justesse et de modestie :

> « Lorsque je m'avisais de présenter à un conservateur de musée américain les cinq albums illustrés présentant les œuvres d'art que j'avais rassemblées pendant plus de trente ans, il s'écria d'un ton blasé un "Ah, oui je vois, c'est une collection privée..." qui me laissa perplexe. Il s'agissait en somme d'un ensemble de toiles, de bronzes, de bibelots de qualité, séduisant sans doute, mais acquis par caprice ou fantaisie, pour le seul plaisir de l'acheteur. Une telle collection privée ne satisfait pas, pour autant, aux exigences d'un musée.

Loin de là. Des objets de bon goût ne méritent pas nécessairement d'être présentés au public, voire aux initiés.

Durant les cinq années que dura la réfection de l'hôtel d'Assézat, je m'employai à trier les tableaux qui étaient destinés à la Fondation. Avec le concours de spécialistes avertis, j'éliminai les œuvres de petits-maîtres, les fignoleurs de talent, les erreurs de jeunesse, que je m'efforçai de remplacer par des créations puissantes, dites majeures, dignes d'être exposées dans un musée.

La rigueur que je me suis imposée me permet d'espérer que l'hôtel d'Assézat, remanié au-dehors comme au-dedans, méritera une visite. Le collectionneur, devenu mécène, oublie trop souvent de se soucier du public[10]. »

L'inauguration de la Fondation

Elle eut lieu le 26 janvier 1995, un peu plus de cinq ans après les premiers échanges de lettres. L'organisation de la cérémonie et la communication que nécessitait un tel événement furent confiées à Dominique Baumgartner, la sœur de Fabrice Goguel, qui dirigeait à cette époque l'agence de conseil en communication Interlinks. Dominique Baumgartner, diplômée de l'École des langues orientales, avait déjà été mise en relation avec Georges Bemberg. Celui-ci l'avait en effet sollicitée l'année précédente pour la correction des épreuves de son essai *Mal du Sud*, publié par Patrice Thierry et Champavert à Toulouse. L'éditeur

10. Georges Bemberg, note non publiée, source Dominique Baumgartner.

comme la lectrice furent ensuite très déçus par le refus catégorique de l'auteur que son ouvrage soit présenté et mis en vente dans la boutique du musée.

C'est donc Dominique Baumgartner qui fut chargée de lancer les invitations pour l'inauguration : un grand nombre de journalistes français et étrangers, des personnalités du monde muséal et culturel, mais aussi les nombreux membres de la famille Bemberg. Les discours solennels eurent naturellement lieu, dont l'allocution de Georges Bemberg, qui mérite d'être mentionnée tant elle est révélatrice de sa personnalité si amène. En voici quelques extraits après les remerciements d'usage à l'intention de l'ambassadeur, du préfet, du maire... :

> « Je parlais tout à l'heure d'un aboutissement, mais ce jour marque aussi, me semble-t-il, le commencement d'une nouvelle aventure – car désormais la Fondation va s'ouvrir au public. Pour l'hôtel d'Assézat, il s'agit plutôt d'une seconde naissance, puisque ce bâtiment retrouve aujourd'hui le visage qu'avait voulu lui donner celui qui l'a fait au XVIe siècle, Pierre d'Assézat. En revanche les tableaux et les objets qui y sont présentés sont, eux, pour la première fois offerts au regard des visiteurs. Je souhaite donc de tout cœur que ceux-ci soient nombreux, qu'ils prennent plaisir à visiter la Fondation et qu'ils reviennent souvent, puisque les expositions temporaires en renouvelleront régulièrement l'attrait.
>
> Enfin, je voudrais dire combien je suis heureux qu'un concours de circonstances m'ait conduit à Toulouse.

Outre la séduction qu'a d'emblée exercé sur moi l'hôtel d'Assézat, j'ai aussi ressenti une vive attirance pour la "ville rose" si jeune, si actuelle – et qui recèle des trésors architecturaux que je ne connaissais pas ! Parmi d'autres traits attachants de cette ville, je fus surpris de constater que tant de Toulousains connaissent l'espagnol, ma langue natale, et cela me les rendit encore plus sympathiques. Ce que je ne savais pas, c'est que M. Baudis et M. Sermet parlaient l'espagnol mieux que moi : cette découverte stupéfiante me laissa dans un état d'admiration béate. Je ne voudrais pas terminer sans évoquer une figure familière, celle de Carlos Gardel, le célèbre chanteur argentin mondialement connu, né à Toulouse et dont le souvenir est ici précieusement conservé.

Maintenant que mes tableaux sont chez vous, j'espère – si le cœur vous en dit – que vous m'inviterez de temps en temps à revenir les voir à Toulouse, ça me fera plaisir[11]. »

On peut aisément imaginer l'émotion de Georges Bemberg après tant d'efforts, entouré d'hôtes d'honneur et de membres de sa famille, qu'il n'avait pas vus depuis si longtemps pour certains d'entre eux. Sans doute eut-il une pensée pour ses parents, espérant que son père, comme le pensait son neveu Jean de Yturbe, aurait été fier de lui. Il eut aussi au cours de la journée la surprise de bavarder avec le petit-neveu de Bonnard, Michel Terrasse, peintre lui-même, qui eut la chance de peindre en la compagnie du maître, de « parler peinture » avec lui, comme il le fait

11. Georges Bemberg, inauguration de la Fondation, le 26 janvier 1995.

désormais avec son propre frère jumeau, Antoine Terrasse, critique et historien d'art. Le lendemain, il lui fut remis par Dominique Baudis dans la salle des Illustres la médaille de la ville de Toulouse, ce qui lui valut à nouveau de prononcer quelques mots de remerciement, se considérant désormais « Toulousain d'adoption »[12].

Et lorsqu'il lui fut demandé, quelques semaines plus tard, si les œuvres de sa collection allaient désormais lui manquer, il réfléchit trois secondes et répondit : « Pas tellement. Sauf, peut-être, *Vénus et Cupidon* de Cranach et *Bateaux dans un port*[13] de Matisse. J'irai les contempler en secret[14]. »

Alors même qu'il allait avoir 80 ans, ceux qui l'ont accompagné et aidé à construire le projet se demandaient parfois si Georges Bemberg, une fois cet objectif atteint, ne se laisserait pas porter ensuite par les années pour s'éteindre tout doucement. Ils s'étaient complètement leurrés, car l'immense plaisir qui a été le sien lui a donné une seconde jeunesse. Il n'eut de cesse de faire changer de place les objets grâce à la patience de Philippe Cros, de consulter les catalogues de ventes en sa compagnie, de faire de nouvelles acquisitions, en lui demandant des conseils qu'il s'abstenait bien de suivre.

---

12. Source Dominique Baumgartner.
13. *Cf.* p. XIII.
14. « Le vieil homme et les arts », *art. cit.*

Les couleurs de la collection

Chercher à rendre compte de la collection dans son intégralité n'aurait aucun sens : seuls les catalogues réalisés par des spécialistes peuvent y prétendre. L'ambition ici est plus modeste mais aussi plus incertaine puisqu'il s'agit d'essayer de saisir quelques-uns des traits dominants d'une collection, à même d'illustrer la personnalité de son auteur. Quelles sont les acquisitions dont on peut penser qu'elles sont tout particulièrement au diapason avec la sensibilité de Georges Bemberg, l'éducation qui a été la sienne, son parcours, les lieux qu'il a habités, ses découvertes, en bref, la construction de son goût dans sa diversité et son évolution ?

Ce qui frappe peut-être en premier lieu, c'est le goût prononcé de Georges Bemberg pour l'art du portrait, que les grands peintres de la Renaissance ont développé avec une telle maîtrise. Un grand nombre d'entre eux retiennent l'attention – Benson, Cranach, Titien, Tintoret, Véronèse, Jean Clouet et son fils François Clouet, Corneille de Lyon, etc. –, pour ne mentionner que les plus célèbres. Autant de visages et de regards que l'amateur cultivé ne peut que chercher à interpréter, autant de personnalités dont la sévérité souvent apparente suscite le questionnement, voire une certaine complicité. Peut-être est-ce là la façon dont Georges Bemberg, grand solitaire à sa façon, s'est entouré d'amis ?

Autre présence qui interpelle aussi : celle des magnifiques *vedute*, qui confirment sa passion pour Venise. Alors même que le XVIIIe siècle est une époque que Georges Bemberg n'apprécie guère, les quelques toiles vénitiennes dont il s'est doté sont de toute évidence le rappel des moments heureux que le collectionneur a vécus au cours de tous les étés passés à Venise, entouré de ses amis. Il suffit pour s'en convaincre de noter l'absence totale, pour la même période, de la peinture florentine. Qu'il s'agisse de Canaletto ou de Guardi, comment ne pas revivre, même quelques siècles plus tard, la poésie et l'ambiance animée le long du canal de la Brenta ou face au pont du Rialto en contrebas duquel s'activent gondoles et voiliers ? Si l'art du portrait que l'on vient de mentionner célèbre les couleurs sombres que la mode vestimentaire impose, les toiles vénitiennes abondent des couleurs gracieuses et vives de la culture italienne en pleine vitalité festive.

C'est encore davantage avec l'art moderne du XIXe siècle que la couleur devient pour le collectionneur un émerveillement, avec les impressionnistes d'abord, dont les nuances irisées par la lumière l'enchantent, puis avec le petit groupe de l'école de Pont-Aven et plus tard avec ceux que l'on a nommé les « fauves ». Le chatoiement des couleurs, à travers un très grand nombre de toiles de la fin du XIXe siècle et du début du XXe, donne un éclat remarquable à la collection, et ce d'autant plus qu'elle contient un fonds important de toiles et de quelques dessins de Pierre Bonnard, auquel Georges Bemberg s'est tant attaché personnellement.

Il sera donc intéressant de pointer, ici ou là, quelques-unes des toiles préférées, quelle qu'en soit l'époque, qui émaillent la collection, et dont l'intérêt que leur a porté Georges Bemberg peut permettre de mieux cerner la sensibilité esthétique de ce collectionneur si secret. Inversement, il est tout aussi instructif de relever quelques-unes des réticences d'un monsieur d'un certain âge bousculé par le tournant foudroyant qu'exercera le XXe siècle avec le cubisme et l'abstraction.

Si les œuvres de ces différentes périodes sont ici présentées de façon chronologique, elles ne peuvent pas pour autant rendre compte de l'ordre de leur acquisition, à l'exception de quelques-unes d'entre elles, notamment celles que Georges Bemberg a acquises peu de temps avant la création de la Fondation.

Le goût du portrait

Les grands peintres du XVIe siècle vénitien sont particulièrement présents dans la collection et ce sont surtout sur les portraits que se sont portés les choix de Georges Bemberg, ceux réalisés notamment par Lorenzo Lotto (1480-1556),

Titien (1488-1576), Véronèse (1528-1588) et Tintoret (1518-1594). Si l'on s'attarde sur ce dernier, dont la collection est dotée de quatre magnifiques portraits, l'un d'entre eux, – celui de Scipione Venerio[1] – retient tout particulièrement l'attention. Il se dégage de ce portrait de gentilhomme, présenté de trois quarts face, une grande noblesse mêlée de gravité, en même temps que d'une certaine douceur. Les cheveux courts, le front amplement dégagé, le visage de ce jeune aristocrate exprime une dignité tout à la fois sereine et sérieuse. Le regard d'une grande profondeur invite au questionnement et surtout à l'échange, rendant ce portrait si vivant. Teinté de nuances délicates, un soupçon de garance éclaire ce visage attachant qui respire l'intelligence.

Observateur comme l'est Georges Bemberg, on comprend que le collectionneur soit tombé sous le charme de ce portrait considéré comme l'une des œuvres les plus importantes de l'artiste.

La pose comme le port et la subtilité des touches dénotent le souci du peintre de pénétrer le secret psychologique du modèle. Le vêtement, ample cape sombre, ne peut surprendre. Après les superbes rouges écarlates de Venise dont se vêtaient les plus fortunés jusqu'au XIVe, les couleurs sombres devinrent la tenue de rigueur de l'aristocratie dès le XVe siècle. Au noir princier succédera le « noir moral[1] » que la Réforme protestante exigera dans les tenues vestimentaires comme dans les temples, pour les hommes comme pour les femmes.

---

1. *Cf.* p. II.

Et puisqu'il est question du féminin, on ne saurait ignorer le *Portrait d'une veuve au collier*[2] du peintre originaire de La Haye Corneille de Lyon (vers 1500/1510-1575). Formé en Flandre, puis naturalisé, cet artiste français est au service du dauphin, le futur Henri II.

Ce portrait représentant très probablement Janet Brandon, duchesse de Suffolk[3], est également très raffiné, comme cela convient à la noblesse, mais moins strict que le précédent. Certes le noir est ici de rigueur, mais il est rehaussé du cramoisi foncé des manches ornées aux poignets de crevés de satin blanc. Broderies au fil d'or ornent aussi le buste étroit d'où sort du col garni d'un collier de perles une collerette en broderie blanche. De la coiffe noire, ornée d'un diadème en or relevé de perles, s'échappent des cheveux frisés d'un roux éclatant. Le visage délicat et avenant dégage beaucoup de fraîcheur et là encore invite à s'y attarder. On devine l'esquisse d'un sourire retenu. Les couleurs du petit tableau (21 x 16 cm) sont particulièrement attrayantes. Le buste noir de cette jeune dame se détache sur un fond vert que Michel Pastoureau qualifierait de « vert gai », autrement dit « joyeux », « vif », « dynamique »[4].

Lorsque Raphaël Sorin[5] est invité par Georges Bemberg pour un entretien, le journaliste reconnaît d'emblée le portrait de Charles IX par Clouet[6]. « Celui-ci

2. *Cf.* p. III.

3. Cf. Philippe Cros, *Peintures anciennes, op. cit.*, p. 86.

4. Michel Pastoureau, *Vert. Histoire d'une couleur*, Seuil, 2013, p. 124.

5. « Le vieil homme et les arts », *art. cit.*

6. *Cf.* p. III.

est attribué à..., s'empresse de rectifier son hôte. Je possède aussi le vrai, lui précise-t-il. Et le vrai est désormais conservé par la Fondation. » On peut se douter de la fierté du collectionneur d'avoir pu acquérir ce joyau du XVIe, réalisé par l'un des plus grands peintres français de l'époque. François Clouet (1510-1572) est le fils de Jean Clouet (1475/80-1541), connu comme son père pour être le peintre de François Ier. Riche et célèbre, Jean doit sa notoriété aux portraits, le seul genre qu'il pratique. Son fils hérite de la position de son père et devient officiellement peintre de François Ier, puis d'Henri II et de François II, et enfin de Charles IX, dont il fait le portrait présenté ici. Saisissant par sa prestance et la délicatesse de ses traits, ce jeune roi eut un règne court et tumultueux. Alors même qu'il semble si posé sur ce magnifique tableau, il fut pourtant tourmenté, en choisissant d'abord de soutenir le protestantisme puis en cédant à l'influence de sa mère Marie de Médicis et en donnant le signal du massacre de la Saint-Barthélemy. Caractéristique de la peinture de cour raffinée dans laquelle excellait François Clouet, ce portrait force l'attention. Derrière la tenue d'apparat sombre et richement ornée de broderies au fil d'or, que devine-t-on derrière l'impassibilité voulue de ce tout jeune homme confronté à un destin tragique, alors même que son royaume est en train de se diviser entre catholiques et protestants et qu'il demeure sous l'emprise d'une mère qui continue à exercer le pouvoir en son nom ? En 1566, date probable de la réalisation de ce portrait[7], la reprise des hostilités, malgré la tentative de pacification, se solde par le massacre à Foix de sept cents calvinistes.

La magnificence délicate de cette peinture, qui contribuera à la grande tradition française du portrait, se double d'un intérêt historique dont on peut penser que Georges Bemberg ne fut pas insensible. Élevé, on l'a vu, dans la foi catholique à laquelle sa mère portait une dévotion, c'est néanmoins vers le protestantisme qu'il porte son intérêt, d'une part à travers la culture anglicane qu'il découvre aux États-Unis et en Angleterre, d'autre part du fait de la filiation paternelle luthérienne des Bemberg. Au fil du temps, on le verra plus loin, Georges Bemberg se rapprochera par ses lectures de l'esprit calviniste, et de manière plus large de la culture protestante. On peut se demander si son intérêt marqué pour l'art du portrait du XVIe siècle, le plus souvent austère à l'approche de la Réforme, n'est pas à mettre en relation, outre son évidente beauté, avec ses réflexions intimes.

La forte séduction qu'a exercée Lucas Cranach l'Ancien (1472-1553) auprès du collectionneur pourrait invalider le questionnement qui précède. Né en Allemagne en 1472, Cranach, à ses débuts, s'oriente plutôt vers des œuvres religieuses sous l'influence de Dürer, avec la prédominance de paysages agités emplis d'une quantité de détails et de symboles. Lors d'un séjour à Vienne, il fréquente les milieux humanistes puis s'établit à Wittenberg, où il

---

7. Le portait reprend un dessin de 1566 conservé à l'Ermitage de Saint-Pétersbourg.

devient peintre de cour auprès de Frédéric le Sage, l'électeur de Saxe. À côté des retables et des portraits, il lui est demandé des œuvres décoratives pour les fêtes et les intérieurs des nombreuses demeures. Parmi les portraits, nombreux sont ceux qu'il réalise de Martin Luther, dont il devient l'ami. Cranach n'emprunta pas pour autant les consignes promues par la Réforme à laquelle œuvrait ardemment le théologien. Celle-ci tend à désapprouver les couleurs trop vives et trop voyantes dont usait volontiers la papauté et lui préfère l'association du noir, du gris et du blanc, plus proche de la culture du livre imprimé en plein essor. Aucune de ces réserves n'eut prise sur l'artiste, dont la palette rehaussée de touches de vives couleurs est soutenue par une dimension décorative.

Le *Portrait de jeune femme en buste*[8] ne fait pas exception. Surmontés d'un ample chapeau rouge, les cheveux blonds de cette jeune fille lui couvrent les épaules jusqu'à la taille. À la fin du Moyen Âge, l'élégance vestimentaire délaisse les rouges vifs et lumineux qui ont eu tant de succès les siècles précédents pour des nuances plus foncées, tel le cramoisi qui a été choisi par l'artiste. Parée d'un collier en or garni de pierres précieuses, et vêtue d'une robe dans les tons orangé et vert dont le corsage est lacé, la jeune fille, à travers ce portrait, se fait davantage une parure saluant la classe à laquelle elle appartient que le témoignage d'une identité et d'une personnalité. Le dessin de l'artiste semble obéir à un souci plus décoratif, ce qui, comme le souligne

8. *Cf.* p. 11.

Philipe Cros, confère aux portraits de Cranach une étonnante modernité[9].

À propos de ces portraits, nombreux parmi les tableaux anciens, Georges Bemberg manifeste tout l'attachement qu'il leur porte : « En voyant les visages fixés par Clouet, Benson, Floris ou Cranach, j'ai l'impression, dit-il, d'appartenir à un groupe qui m'est plus cher que celui des vivants[10]. » L'aveu est émouvant et rend bien compte de la personnalité de ce collectionneur dont ont été mentionnés plus haut son retrait des mondanités et son attrait pour la solitude.

La séduction vénitienne

L'une des autres dominantes de la collection a trait à la présence des toiles vénitiennes, notamment les *vedute*, qui s'appliquent à reproduire des paysages urbains bien réels. À Venise, que le soleil soit au rendez-vous, qu'il pleuve ou qu'il vente, la magie opère et les souvenirs abondent : « À Venise sous la pluie, on croit tanguer. On se balance comme sur un bateau sous les arcades de Saint-Marc[11]. » Ce sont aussi les longs moments à la terrasse du Florian en compagnie des « vieilles têtes », Chirico, Lifar, Schiaparelli..., les tours en *motoscafi* pour se rendre à la Ca' Pesaro, ce prestigieux palais baroque où se succèdent les expositions, ou encore

---

9. *Cf.* Philippe Cros, *Peintures anciennes*, *op. cit.*, p. 131.

10. « Le vieil homme et les arts », *art. cit.*

11. Georges Bemberg, *Journal atlantique*, *op. cit.*, p. 27.

les soirées à la Fenice, l'un des théâtres indissociables de Venise.On ne peut donc être surpris que celle-ci soit si présente dans la collection avec notamment les *vedute* – le genre pictural le plus prisé à Venise au cours du XVIIIe –, auxquels se sont adonnés avec tant de talent Canaletto et Francesco Guardi, tous deux nés et décédés à Venise. À l'inverse du *capriccio* (un caprice architectural) qui s'adonne à la représentation d'un imaginaire, les *vedute* s'appliquent à traduire les paysages urbains avec un grand réalisme. Leur authenticité invite le visiteur à revivre avec enchantement les moments qu'il y a passés. Héritiers de la Renaissance, Canaletto et Guardi ont intégré les règles de la perspective, faisant de l'œil la focale du peintre. Ce fut le génie inventif de Brunelleschi qui, au début du XVe siècle, pose, en s'appuyant sur les connaissances mathématiques, le principe d'une perspective linéaire qui prétend rivaliser avec le réel[12]. Ce principe fit autorité par la suite dans le reste de l'Europe grâce au traité de l'architecte L. B. Alberti, *Della Pittura* (1436), qui livre la définition théorique de la *costruzione legittima* selon laquelle la perspective régule l'espace entier. Entièrement repris par les Flamands italianisés, ce mode scénographique fit le succès de la peinture vénitienne.

Les toiles réalisées par Canaletto (1697-1768) en sont de parfaites illustrations, d'autant plus qu'au sens de la perspective parfaitement maîtrisée il sut ajouter dans ses peintures la représentation du quotidien de manière poétique.

---

12. *Cf.* Anne Sauvageot, *Voirs et savoirs. Esquisse d'une sociologie du regard*, PUF, 1994, p. 86.

Son succès fut d'autant plus rapide du fait de sa rencontre en 1730 avec celui qui deviendra son mécène, Joseph Smith, consul général d'Angleterre à Venise. Au XVIIIe siècle, les jeunes aristocrates européens, tout particulièrement britanniques, étaient friands de la découverte de l'Italie à travers ce qui fut intitulé « le Grand Tour[13] », dont Venise faisait partie des premières destinations. Joseph Smith put trouver ainsi d'autant plus aisément de nombreux acheteurs anglais, voire des commandes importantes.

Aux côtés des deux *Vue de Venise* dont la collection est dotée figurent deux autres toiles splendides que Canaletto réalisa au cours d'un voyage le long de la Brenta, de Venise à Padoue, ville que Georges Bemberg appréciait tant également. La *Vue de Dolo*[14] est saisissante de réalisme. L'architecture, bien différente de celle de Venise, est d'une grande justesse en offrant un grand angle de vue agrémenté par la présence d'une multitude de personnages qui font déborder de vie le chemin de halage.

Le peintre se fait chroniqueur de la ville, mélangeant les personnages, visiblement mondains pour certains, tel ce couple avec chapeau canotier et ombrelle bleue qui se promène, ou pour d'autres plus modestes, vaquant à leurs tâches, telle cette blanchisseuse au bord de la ville ou encore ce réparateur de charrettes dans l'angle droit du tableau. Celui qui le regarde a ainsi l'impression de se

13. Le Grand Tour, écrit de cette manière en anglais, était un voyage à vocation éducative pour élever les centres d'intérêt des jeunes aristocrates avant ou après leurs études sur les humanités. À partir du milieu du XVIIIe siècle, il devient l'apanage des amateurs d'art, des collectionneurs et des écrivains.

14. *Cf.* p. VI.

trouver au milieu de la scène représentée. Le grand art de la *veduta* tel que le pratique Canaletto est d'offrir tout à la fois une vue à distance, celle de l'ample perspective, et en même temps un sentiment de proximité, d'une intimité du lieu.

Francesco Guardi (1712-1792), d'abord influencé par Canaletto dont le succès fut plus rapide, va évoluer avec plus de liberté tout en demeurant un remarquable védutiste, comme le démontre sa toile représentant le pont du Rialto[15], probablement peinte en 1754. Apparaissent, dans cette ambiance lumineuse d'un magnifique ciel bleu qui contraste avec l'eau quelque peu verdâtre du Grand Canal, le pont du Rialto, le Palazzo dei Camerlenghi, et le Fabbriche Vecchie di Rialto. L'animation est produite ici par le va-et-vient apparemment désordonné des barges et des gondoles sur lesquelles figurent gentilshommes vêtus de rouge conduits sur leur propre embarcation ou gens plus simples s'en partageant une. Autant de points colorés qui créent là encore le spectacle d'une ville qui grouille de vie.

Francesco Guardi va néanmoins progressivement s'orienter vers la recherche, à travers le jeu des lumières, d'une atmosphère, d'une ambiance qui, pour être moins réaliste, se fait plus féerique. La *Vue de San Giorgio Maggiore de Venise* en est une belle illustration. Moins précise dans le trait, cette toile dégage une sensibilité expressionniste qui en fait, comme le souligne Philippe Cros, le charme et l'originalité[16].

15. *Cf.* p. VI.

16. *Cf.* Philippe Cros, *Peintures anciennes*, *op. cit.*, p. 49.

Ces *vedute*, et tout particulièrement celles de Francesco Guardi, font de Venise un lieu du rêve, non pas seulement celui qui annonce le romantisme, mais une sorte de sublimation plus pérenne qui, indépendamment du réalisme voulu, fait de cette ville un mythe dont on peut penser que Georges Bemberg était tout à fait conscient. C'est peut-être là une piste possible pour interpréter l'une de ses phrases énigmatiques à propos de Venise : « [...] Photographier Venise, c'est photographier une peinture de Venise[17]. » Ce serait limité de relier cette assertion au seul rapport qu'a entretenu Venise de tout temps avec le tourisme, y compris le *voyage*. Sa magie au cours des siècles a créé en elle une sorte de virtualité à laquelle ont contribué les virtuoses de la représentation idéelle et idéale, les peintres.

Le déclic de l'art moderne du XIXe siècle

C'est à Paris qu'il se produisit, plus précisément rue de Seine, dans la galerie que tenait madame Rousseau. Elle-même avait été initiée par Léopold Zborowski, ce poète polonais immigré à Paris en 1910 qui devint le grand ami de Modigliani. Il entreprend de vendre des tableaux, d'abord rue Joseph-Bara puis au 26, rue de Seine (Paris VIe). Outre Modigliani, qui peindra de lui trois portraits, il expose les avant-gardistes parmi lesquels Derain, Soutine, Chagall, Utrillo, Toulouse-Lautrec, Renoir, Cézanne... « Ma vraie initiatrice, souligne Georges Bemberg, fut

17. *Cf.* Georges Bemberg, *Mal du Sud*, *op. cit.*, p. 40.

madame Rousseau [...]. Dans sa boutique de la rue de Seine, elle posait les toiles par terre. Elle m'a montré des Bonnard. Un éblouissement ! J'ai éprouvé le même choc avec Vlaminck, certains Vuillard, Monet, Dufy, Marquet[18]. » Et en effet l'engouement fut grand puisque la collection abrite, outre ses nombreuses toiles et pastels impressionnistes, pas moins de cent toiles plus tardives. De l'art moderne, il retiendra en effet essentiellement les impressionnistes, mais aussi les fauves et les nabis, littéralement séduit par le resplendissement de la lumière et la débauche des couleurs. S'il a aimé ce qui lui a été transmis par son éducation et son entourage familial, notamment la peinture ancienne, le basculement est total et, alors même qu'à la fin du XIXe et en ce début du XXe siècle sévissait encore un art académicien, il n'a d'yeux désormais que pour les avant-gardes jusqu'à ce que surgisse le cubisme, quelque peu désorientant pour le monsieur âgé qu'il était devenu.

Parmi les impressionnistes, il reconnut bien sûr Monet en tant que précurseur, mais Georges Bemberg s'attacha aussi beaucoup à d'autres artistes qui furent moins sur le devant de la scène, même si les opprobres des critiques, à l'époque, n'en n'épargnaient aucun. À l'intérieur de ce groupe qui malgré certaines dissonances des débuts se renforça en partie du fait de la calomnie qui leur était adressée et par l'entraide que les mieux nantis purent apporter aux autres, une figure inattendue réussit à s'imposer. Berthe Morisot est en effet un exemple rare

18. « Le vieil homme et les arts », *art. cit.*

d'épanouissement féminin, surtout au XIXe siècle, dans un art majeur et ce d'autant plus que sa facture est très audacieuse. Très proche d'Édouard Manet pour qui elle accepte de poser pour *Le Balcon*, elle est l'une des fondatrices du mouvement impressionniste, et elle expose et se lie avec bon nombre d'artistes, en apaisant souvent leurs querelles. Son mariage avec Eugène, le frère d'Édouard Manet, non seulement lui assure une sécurité financière mais contribue également à resserrer les liens avec la famille de Henri Rouart et tous ceux qui gravitent autour de ce peintre devenu mécène. Un cercle où certes abondent les artistes – Monet, Degas, Renoir, Pissarro, Caillebotte, pour les plus proches –, mais aussi les poètes et les écrivains – Mallarmé, Gide, Paul Valéry, Proust – de même que les musiciens – Chausson et Debussy, entre tous.

La toile de Berthe Morisot (1841-1895), *Villa Arnulphi*[19] (1882), que choisit Georges Bemberg frappe par sa hardiesse. Comme la plupart de ses amis, elle préfère se consacrer à la peinture en plein air, attentive à saisir les sensations de l'instant, celles que livrent les lumières changeantes, le mouvement éphémère des ombres et des feuillages, donnant à sa toile un caractère d'inachevé. Ses touches dissociées et rapides vont à l'encontre de tout ce qui pourrait être délibéré, accumulant des pleins mais aussi des vides. Elle explique qu'elle « cherche à vouloir fixer quelque chose qui se passe, oh, quelque chose, la moindre des choses.

19. *Cf.* p. IX.

Eh bien, cette ambition-là est encore démesurée[20] ».

Après la naissance de sa fille Julie, qui devient son modèle préféré, elle privilégie les scènes d'intérieur intimistes d'une grande tendresse. Julie, à la suite du décès de son père, devient le centre d'attention de Renoir et d'Edgar Degas, fidèle ami de la famille. D'une grande liberté et indépendance, les toiles de Berthe Morisot éveillent les sensations dans leur fulgurance, ce qui aux yeux de Georges Bemberg est la première des qualités, celle qui lui fit apprécier tout autant la musique, surtout celle de Wagner, qui était d'ailleurs adulé par les Manet et leurs amis.

Parmi les impressionnistes, deux d'entre eux, Gustave Caillebotte et Alfred Sisley, sont particulièrement représentatifs de l'influence exercée par Claude Monet.

Leur parcours est pourtant fort différent même si chacun d'entre eux a su garder une « patte » qui lui est toute personnelle. Gustave Caillebotte (1848-1894), notamment, a bénéficié d'une aisance financière qui lui a permis non seulement de se livrer à la peinture sereinement, mais de devenir également un collectionneur en achetant les toiles de ses amis. On peut estimer que c'est en partie grâce à lui et son ami de longue date Henri Rouart (puisqu'ils avaient fait leurs études ensemble au lycée Louis-le-Grand à Paris) que le mouvement impressionniste réussit à atteindre sa reconnaissance internationale. L'un et l'autre devinrent un soutien financier important de Claude Monet au point

20. Yves Rouart, avec la collaboration de Delphine Montalant et Alain Clairet, *Catalogue raisonné de l'œuvre peint de Berthe Morisot*, CÉRA-nrs, 1997, p. 9.

de lui payer son loyer parisien, mais aussi de Renoir ou encore en aidant les enfants de Sisley après le décès de leur père. La magnifique collection que constitua Gustave Caillebotte – *Le Bal du moulin de la Galette* de Renoir, *Le Balcon* de Manet, *L'Estaque* de Cézanne, *Les Toits rouges* de Pissarro, *Régates à Argenteuil* de Monet, pour n'en mentionner que quelques toiles –, léguée ensuite à l'État, permit d'assurer dans le temps le rayonnement du groupe[21].

Le Petit Bras de la Seine en automne [22] que Gustave Caillebotte peint en automne en 1890 depuis l'île Marante s'attache aux jeux de la lumière sur l'eau environnée d'une superbe végétation dans cette partie non navigable de la Seine. À l'instar de Claude Monet, le peintre, en un même lieu, se faisait l'observateur, au fil des heures et des saisons, des différentes lumières.

De même, *Les Bords du Loing vers Moret*[23] qu'Alfred Sisley (1839-1899) peint en 1883 témoigne du goût prononcé de l'artiste pour son travail solitaire en plein air.

Il s'isole en effet volontiers en s'installant à Moret en 1882 et pose presque quotidiennement son chevalet sur les berges de la Seine toute proche, attentif à transcrire par petites touches superposées les accords lumineux et changeants de l'eau et du ciel, autant d'harmonies subtiles d'une palette éclaircie. Au même titre que Gustave Caillebotte, on peut qualifier Sisley de l'un des meilleurs représentants

21. *Cf.* David Haziot, *Le Roman des Rouart (1850-2000)*, Fayard, 2012, p. 87-88.

22. *Cf.* p. IX.

23. *Cf.* p. X.

de l'impressionnisme, particulièrement sensible quant à lui aux paysages paisibles, en accord avec sa personnalité humble et discrète.

Si Auguste Renoir (1841-1919) peut être également situé au cœur du courant impressionniste, il est cependant moins retenu par la peinture en plein air que par des scènes où se dégage un sentiment d'intimité et de douceur.

L'évocation ici d'un pastel qu'il réalisa en 1879 – *La Loge* ou *Portrait de jeune fille*[24] – est doublement légitime, d'une part parce que sa réalisation se situe au cœur des amitiés qui se sont nouées à l'intérieur du groupe, d'autre part parce que ce tableau, d'une grande grâce, fut présent dans l'intimité même de Georges Bemberg. Il figura en effet longtemps dans l'appartement de New York, accroché au-dessus d'une étagère dans le salon.

Renoir s'éloigne progressivement du mode pictural des impressionnistes en préférant à la touche divisée une facture plus fondue et colorée. Il fit de nombreux portraits de jeunes filles qui lui conférèrent rapidement un beau succès. Très proche de Berthe Morisot, il entoura d'affection Julie Manet à partir de la mort de sa mère, secondant Mallarmé, le tuteur légal de la jeune fille, quand celui-ci devait s'absenter. Il fit du reste de nombreux portraits d'elle et la guida dans ses premiers pas en peinture. Lors de vacances que Julie Manet passa avec ses cousines en Bretagne, elle note dans son journal les conversations au cours de promenades avec celui qu'elle considérait comme

24. *Cf.* p. VIII.

son « vieil oncle bourru » : « Nous sommes allées avec lui aux roches blanches d'où l'on voit l'entrée de la baie, là nous avons vu le coucher du soleil, les landes aux ajoncs se sont dorées puis roussies et le soleil dans sa splendeur entouré de feu et de pourpre faisait dans l'eau une grande traînée lumineuse, une lueur rose se répandit partout. En se retournant, on voyait la côte et la montagne plongées dans un doux gris bleu[25]. » La description de Julie Manet restitue d'une certaine manière la palette de Renoir, bien connue pour ses veloutés caressants et sa volupté d'une grande douceur. Celui-ci fit également les portraits, désormais quelque peu galvaudés tant ils ont été reproduits, des cousines de Julie, Yvonne et Christine Lerolle – *Jeunes Filles au piano*. L'aînée épousa Louis Rouart et la cadette Eugène, l'un et l'autre fils d'Henri Rouart.

Le portrait qu'acquit Georges Bemberg est celui de Marguerite Legrand, dite Margot, qui était nettement moins bien éduquée et mettait à rude épreuve la patience de Renoir par ses interruptions soudaines des séances de pose. Sans doute ne réussissait-elle pas à atteindre la bonne humeur du peintre, dont toute l'œuvre est empreinte d'une joie sereine.

Pierre Bonnard, entre tous

Le préféré est indéniablement Pierre Bonnard (1867-1947), dont Georges Bemberg n'acquit pas moins de trente-cinq toiles. La séduction immédiate s'opère en premier lieu par

---

25 Julie Manet, *Journal (1893-1899)*, Klinksieck, 1979.

l'éclat des couleurs, dont on verra à quel point le peintre s'interroge à leur propos, puis naît sans doute une grande estime pour la dimension humaine de l'artiste, dont la personnalité semble proche de celle de Georges Bemberg.

Formé à l'Académie Julian qu'il préfère aux Beaux-Arts, plus académiques, Pierre Bonnard se fait de nombreux amis, parmi lesquels Édouard Vuillard et Paul Sérusier, mais se distingue par son intense souci d'indépendance. Il cherche très vite à se distinguer de l'influence qu'ont exercé les impressionnistes et surtout leurs successeurs, qui exacerberont la dimension pointilliste de leurs touches de peinture. Il est du reste plus impressionné par la découverte des tableaux de Paul Gauguin et se sent proche du groupe – les nabis[26] – que forment Paul Sérusier avec Émile Bernard et Maurice Denis. Ces jeunes artistes seront identifiés par le coin de Bretagne où ils se retrouvent de manière quasi communautaire, le village de Pont-Aven[27]. Mais là encore, Pierre Bonnard, malgré l'estime qu'il porte à ses amis, demeure soucieux de se forger en toute liberté ses propres objectifs picturaux. Du groupe des nabis, il retient cette volonté d'exalter la couleur tout en simplifiant la forme dans un trait qui en accentue le caractère[28], mais il ne cessera jamais de remettre en question tout principe quel qu'il soit à travers une recherche approfondie de sa propre expression.

26. Mot qui signifie à la fois « initiés » et « prophètes ».

27. L'école dite de Pont-Aven.

28. *Cf.* Antoine Terrasse, *Bonnard. « La couleur agit »*, Gallimard, 1999, p. 18.

Très vite il préfère privilégier « un art du quotidien », que cela soit celui de la rue et des lieux parisiens en vogue – le Moulin-Rouge notamment – ou celui des lieux qu'il habite avec Marthe, cette jeune compagne très secrète qu'il épousera plus tardivement et qu'il entourera de ses soins, dans sa fragilité physique et psychique, jusqu'au bout. L'espace familial retient toute son attention dans les scènes les plus intimes, notamment les nombreux nus qu'il fait de Marthe lors de sa toilette, de même que les portraits de ses neveux qui égaient son entourage familial, ou encore les nombreuses vues d'intérieur et natures mortes – un bouquet d'iris[29] ou des pommes sur une nappe à carreaux rouges. Tout son environnement interpelle la sensation visuelle, questionne le regard, interroge le sentiment de beauté rendu désormais caduc par l'art contemporain.

La *Femme au tub*[30] qu'il peint en 1903 révèle son attachement au thème du corps féminin, dont il saisit si souvent les gestes de la toilette dans un jeu lumineux avec le miroir. L'obsession se focalise progressivement sur l'usage de la couleur, dont il tente de réfréner l'imposition trop spontanée ; la couleur qui jaillit d'elle-même et dont il faut saisir la manière dont « elle agit ». Il s'agit de décrypter le rapport que celle-ci entretient avec le dessin et avec la composition.

Voyages et amis sont nombreux. L'artiste prend l'habitude de quitter Paris du printemps jusqu'à l'automne

---

29. *Cf.* p. XIV.
30. *Cf.* p. XI.

pour Saint-Tropez, Toulon, Banyuls-sur-Mer, où il se lie d'une profonde amitié avec Maillol, pour Arcachon, où il retrouve Claude et Andrée Terrasse et leurs enfants, etc. Mais c'est la lumière du Midi qui le retiendra de plus en plus souvent au plus près de Matisse, avec qui les liens se resserrent particulièrement. Aux mondanités, aux réceptions et aux spectacles Pierre et Marthe privilégient le calme que leur offrira la villa qu'ils achètent en 1926 au Cannet dans le massif de l'Estérel. Le goût de la solitude de Pierre Bonnard s'intensifie sans qu'il ne renonce pour autant aux visites de ses amis les plus chers. Travaillant de manière soutenue, il note chaque jour dans son carnet les aléas de la météo – beau, pluie et soleil, froid... – qui décident de la lumière : « Par temps beau mais froid, il y a du vermillon dans les ombres orangées et du violet dans les gris[31]. » Aux côtés des références sur la nature de l'atmosphère, Bonnard fait encore et encore le point sur les questions qui le conduisent à penser « qu'il faudrait tout recommencer[32] », témoigne de ses recherches au quotidien pour traduire ses émotions visuelles, mobiles et changeantes, qui sont le sel et le bonheur de sa vie. Si la couleur est « la clé de chaque tableau[33] », il ne faut pas se méprendre : « Pose la première touche et va faire un tour [...]. Quand on couvre une surface avec les couleurs, il faut pouvoir renouveler indéfiniment son jeu, trouver

31. Pierre Bonnard, *Observations sur la peinture*, préface d'Alain Lévêque, introduction d'Antoine Terrasse, l'Atelier contemporain, 2019, p. 18.

32. *Ibid.*, p. 14.

33. *Ibid.*, p. 36.

sans cesse de nouvelles combinaisons de formes et de couleurs qui répondent aux exigences de l'émotion[34]. ». « Il ne s'agit pas de peindre la vie, il s'agit de rendre vivante la peinture[35]. »

Cette vie que mène Bonnard, qui chaque jour dès le lever s'aventure dehors, est heureuse. Ses tableaux en témoignent, telle cette toile plus tardive intitulée *Le Cannet*[36] qui traduit l'aboutissement d'une liberté de la composition et de la couleur.

À eux seuls les tableaux de Bonnard justifient l'intitulé de ce chapitre, « Les couleurs de la collection ». Georges Bemberg, c'est une évidence, est particulièrement sensible au jeu des couleurs, au surgissement de l'émotion sensible, davantage qu'au souci conceptuel. C'est ce qui lui faisait dire : « Pour Bonnard, il suffit d'être devant. » À l'intensité de l'émotion esthétique se joint certainement l'estime que le collectionneur n'a pas pu ne pas ressentir pour le personnage. À l'encontre de ses prédécesseurs impressionnistes, Bonnard eut la chance d'une reconnaissance dès le tournant du siècle, de telle sorte qu'il fut à l'abri des difficultés matérielles et bénéficia par la suite d'une certaine aisance financière. Pour autant, ni l'argent ni le luxe ne furent pour lui d'une grande importance. La maison où l'artiste vivra quelque vingt années témoigne d'un choix de vie qui est assez proche de celui qu'adoptera

34. *Ibid.*, p. 38.
35. *Ibid.*, p. 53.
36. *Cf.* p. XIV.

Georges Bemberg. Le couple a choisi une villa en hauteur, entourée de verdure, qu'il agrandit et agrémente d'une terrasse ouverte sur le jardin. L'intérieur de la maison que décrit Michel Terrasse[37], l'un des petits-neveux de Bonnard, celui que Georges Bemberg a eu le plaisir de rencontrer, est simple : des tables et des fauteuils en rotin, ni tapis ni fioritures... Au mur deux toiles de Matisse. Si le luxe est absent, Pierre et Marthe Bonnard apprécient néanmoins un certain confort. Des fenêtres sont percées pour que la lumière puisse pleinement pénétrer et on fait aussi installer un chauffage central, l'eau courante et évidemment une salle de bains, construite dans un angle, qui laisse passer le soleil par deux fenêtres, équipée d'une baignoire qu'entourent des carreaux de faïence gris-bleu. La salle à manger, dont les murs sont peints avec un jaune de Naples, est en harmonie avec la végétation sur laquelle elle est ouverte. L'atelier jouxte la maison et, au fond du jardin, Bonnard a fait construire un garage pour abriter la voiture dont il ne saurait se passer, une confortable Lorraine-Dietrich.

Pierre Bonnard, même s'il aime la solitude qui lui est nécessaire, ne vivra jamais en reclus, y compris après le décès de Marthe. Il aime aller ici ou là, visiter et retrouver ses amis. Ainsi que prend plaisir à le raconter Antoine Terrasse (le frère jumeau de Michel Terrasse) : « Sa simplicité s'accommode très bien de quelques semaines au Trianon-Palace de Versailles, ou au Grand Hôtel de France

---

37. Michel Terrasse, *Bonnard et Le Cannet*, Herscher, 1987.

à Arcachon[38]. » Alors même que Michel Terrasse publie dès 1967 chez Gallimard une biographie, *Pierre Bonnard*, ce serait étonnant que Georges Bemberg, faute d'avoir pu rencontrer l'artiste, n'ait eu l'occasion, à travers les lignes de l'ouvrage, de découvrir quelques-uns des traits du personnage, que l'on peut aussi envisager comme un « peintre-poète[39] ». En 1897, Ambroise Vollard, qui pensait déjà à des illustrations pour les vers de Verlaine, s'adressa en effet à lui pour la réalisation de lithographies destinées à une belle édition des poésies libres de *Parallèlement*, paru en 1900. Ne retrouve-t-on pas dans les tableaux de Bonnard quelques tonalités du poète ?

Enfin, on ne saurait conclure cette tentative de mise en parallèle de l'artiste et du collectionneur sans mentionner les acquisitions que fit Georges Bemberg de deux autoportraits de Bonnard. L'un (1933) et l'autre[40] (1945) donnent le sentiment d'une « existence marquée par un retrait progressif du monde. [...] Avec cet auto-examen prodigue et minutieux, Bonnard créa l'image d'un vieil homme frêle et mélancolique. [...] D'une extrême lucidité et gardant jusqu'à ses derniers jours le don d'émerveillement devant les choses les plus humbles, l'être humain fut chez Bonnard largement à la hauteur de l'artiste[41] ».

38. Antoine Terrasse, *Bonnard. « La couleur agit »*, *op. cit.*, p. 81.

39. *Observations sur la peinture*, préface d'Alain Lévêque, *op. cit.*, p. 9.

40. *Cf.* p. XV.

41. Philippe Cros, livret de l'exposition « Bonnard, coloriste génial du quotidien », Fondation Bemberg, 1997.

Les fauves, oui, le cubisme, non

L'été que passèrent ensemble en 1905 Henri Matisse et André Derain à Collioure fit de ce petit port catalan un creuset de l'art moderne[42]. Matisse, à cette époque, a déjà 36 ans et s'inscrit encore dans la filiation impressionniste, alors qu'André Derain, de onze ans son cadet, est fasciné par la découverte de Gauguin et obsédé par le charivari de ces couleurs que ce pionnier privilégie au détriment de la profondeur et du relief. À Collioure, nombreuses sont les conversations à propos de Gauguin et de la dimension décorative de ses œuvres, dont Matisse comme Derain se sont épris. Matisse avait déjà rencontré Gauguin en 1888 et avait acheté à Ambroise Vollard l'une de ses toiles – *Jeune Homme à la fleur*, 1891. Gauguin l'impressionne et le séduit, mais il n'entraînera pas à proprement parler l'adhésion de Matisse, toujours si posé. Il est moins enthousiaste que ne le sont ses amis Monfreid, Maillol, Étienne Terrus et surtout André Derain, et le groupe discute et dispute l'audace de Gauguin dans sa négation de la profondeur dans ses toiles, défiant tout souci de perspective.

Matisse et Derain se rendent ensemble au Salon d'automne, où ils exposeront dans la salle VII en compagnie, entre autres, d'Albert Marquet, Maurice de Vlaminck, Henri Manguin, Charles Camoin, Kees Van Dongen... Leurs œuvres vont déclencher la risée des critiques : Camille Mauclair parle d'un « pot de peinture jeté à la figure »

42. *Cf.* Jean-Pierre Barou, *Matisse ou le miracle de Collioure*, Payot, 2020.

et Louis Vauxcelles compare une sculpture présentée au milieu de la salle à « un Donatello parmi les *fauves* ». L'aphorisme est lancé, mais le groupe d'artistes ne s'en trouve guère décontenancé et s'accapare même le sobriquet, qui va désormais les souder, pour une courte durée, dans leur soif de couleurs pures, dont Derain dira qu'elles furent leurs « bâtons de dynamite[43] ».

L'œuvre d'André Derain (1880-1954) qu'acquit Georges Bemberg – *La Clairière*[44] (vers 1904) – est à ce titre exemplaire de ce mouvement et peut s'assimiler à un Matisse de l'époque par l'usage de ses touches, colorées et carrées, posées à plat. André Derain est généralement considéré comme l'initiateur le plus fervent du fauvisme, fort talentueux au demeurant, mais, chose curieuse, il se distinguera ensuite par un retour vers les grands maîtres, ce qui l'éloignera de ses amis proches. Matisse, en revanche, ne va cesser d'approfondir ses recherches sur la couleur. À l'instar de Bonnard, il est attentif à son usage, aux sensations et à l'émotion qu'elle suscite. Il s'agit pour lui de « disperser des sensations de bleu, de vert, de rouge[45] » Mais à l'opposé de Bonnard, il bifurque progressivement vers d'autres impératifs en choisissant de se détacher du souci naturaliste et en optant pour un a priori décoratif.

La toile de Matisse (1869-1954) qu'acquiert Georges Bemberg – *Bateaux dans un port*[46] –, bien que réalisée

---

43. *Ibid.*, p. 35.
44. *Cf.* p. XII.
45. *Cf.* Jean-Pierre Barou, *Matisse* ou *le miracle de Collioure*, *op. cit.*
46. *Cf.* p. XIII.

vers 1925, n'est pas encore annonciatrice de l'évolution du peintre qui le conduira à la fin des années 1930 vers « les papiers découpés ».

Ce tableau est surtout révélateur de son engouement pour la lumière de la Méditerranée, région où il s'installera quasi définitivement à Nice. Ce n'est sûrement pas un hasard s'il choisit ce point de vue. Il s'agit là en effet du lieu que l'un de ses prédécesseurs tant estimé avait déjà privilégié – Monet en 1888 (*Antibes, effet d'après-midi*). Georges Bemberg est lui-même un grand admirateur de Matisse. *Bateaux dans un port*, comme il s'en était confié, est l'un de ses tableaux préférés et il avait acquis deux autres toiles – *La Falaise d'Aval et le Cabanon*, réalisé en 1920 à Étretat, et un *Intérieur*, une œuvre de 1930. Mais il n'adhéra jamais complètement aux œuvres plus tardives et plus proches du mode décoratif.

Face à l'évolution de l'art, si le collectionneur fut parfaitement séduit par la fin du XIXe siècle et les débuts du XXe, des hésitations surgissent avec le dépassement du figuratif, l'abstraction et les transgressions de Picasso. Cette remarque se vérifie à propos du parcours de Georges Braque (1882-1963). Si le collectionneur a pu s'éprendre du travail de cet artiste avec l'acquisition de *La Fenêtre sur l'Escaut*[47] (1906) que Braque réalise au cœur de la période fauve, la poursuite de son travail en faveur du cubisme ne retiendra guère son attention. Fils d'un décorateur, Braque s'enthousiasme dans un premier

47. *Cf.* p. XII.

temps pour ce qu'apporte de nouveau le mouvement fauve. *La Fenêtre sur l'Escaut*[48] est typique de cette époque où s'affirment les couleurs embrasées avec des plans qui se succèdent de manière simplifiée. La toile porte au dos de son châssis l'étiquette de Kahnweiler, qui vient d'ouvrir une galerie à Paris et deviendra le marchand attitré de Picasso. Le jeune artiste est très impressionné par la rétrospective de Cézanne au Salon d'automne de 1907, et les toiles qu'il réalisera lors de ses nombreux séjours à l'Estaque en porteront l'empreinte.

Matisse, Braque et Picasso vont former un trio, non sans tension, qui va marquer un tournant dans l'histoire de l'art. Matisse et Picasso s'apprécient, s'échangent respectivement un tableau, mais vivent difficilement leur rivalité. Ils sont tour à tour frères et ennemis[49] : avec le *Nu bleu* (1906), Matisse l'emporte ; avec *Les Demoiselles d'Avignon* (1907), aussi dénigrée cette toile fût-elle à l'époque, Picasso le dépasse. Et quand bien même Braque fait la grimace[50] devant les visages complètement déstructurés de « ces demoiselles[51] », ce qui réjouit fort Matisse, une page se tourne.

En 1908, Braque va en effet envoyer au Salon d'automne plusieurs toiles qui seront refusées, notamment par Matisse, l'un des membres du jury. L'une d'entre elles va pourtant demeurer dans les annales de la critique d'art : il s'agit de *Maisons à l'Estaque*, un tableau fait de petits cubes.

48. *Cf.* p. XII.

49. *Ibid.*, p. 69.

50. Il existe en fait plusieurs versions de la réaction de Braque devant *Les Demoiselles d'Avignon*.

51. Picasso avait initialement l'intention d'intituler cette toile *Le Bordel d'Avignon*.

Pour bien se faire comprendre de ses collègues lors de la sélection, « Matisse prend un bout de papier et dessine en trois secondes deux lignes ascendantes et convergentes entre lesquelles se trouvaient les petits cubes[52] ». Le cubisme était né. Dès la fin du Salon, Braque et Kahnweiler réagissent et organisent une exposition où sont accrochés les tableaux critiqués. Braque et Picasso marcheront pendant un temps en s'emboîtant le pas. En 1911 ou 1912, Braque présente pour la première fois un tableau – *Le Portugais (ou L'Émigrant)* – sur lequel il introduit au pochoir des lettres et des chiffres, procédé qu'il avait appris auprès de son père décorateur. S'ensuit toute une série de tableaux agrémentés de papiers collés, jouant sur la répétition de figures géométriques ou de signes optiques, procédés que lui empruntera Picasso, à moins que ce ne soit l'inverse ! Kahnweiler, pour avoir suivi de si près ces deux initiateurs du cubisme, s'exprime ainsi, sans doute avec justesse : « Tantôt ce fut l'un, tantôt l'autre qui prit l'initiative de mettre en pratique telle œuvre, tel progrès de nouveaux modes d'expression. Le mérite en revient aux deux[53]. »

Georges Bemberg est malgré tout tenté de se familiariser avec le phénomène Picasso. Ne serait-ce que par souci de compléter sa collection en art moderne, il fit l'acquisition de quatre œuvres : *Portrait de Jane Thylda* (1905), un des dessins des *Métamorphoses* d'Ovide (1930), *Le Couple*[54]

52. Jean-Pierre Barou, *op. cit.*, p. 69.

53. Daniel-Henry Kahnweiler, « Braque et Picasso », *Confessions esthétiques*, Gallimard, 1963.

54. *Cf.* p. XVI.

(1967), *Pierrot et Arlequin*[55] (1971). Georges Bemberg dit dans son journal sa difficulté à partager la vitalité et les velléités de Picasso. Les volte-face incessantes de l'artiste, tant dans les manières de se comporter que dans son travail artistique, déconcertent le collectionneur, qui pourtant ne va pas manquer de curiosité à son égard. Lors de sa visite au musée Picasso, il dit : « Je m'égare à plusieurs reprises en dépit des flèches qui indiquent clairement le sens de la visite », de telle sorte que cet « égarement » peut certainement être pris au second niveau, comme l'y invite la suite du commentaire : « Trop profane pour juger d'une peinture que j'admire de confiance. J'aime les Picasso qu'on aime quand on n'aime pas Picasso[56]. »

Le parcours de Picasso (1881-1973) est très chaotique. Après s'être installé à Paris en 1904, l'artiste, incroyablement fécond, ne cessera d'alterner entre expressionnisme, cubisme, surréalisme, et retours réitérés à la figuration dont il revisite, à sa façon toute personnelle et virtuose, les styles du passé. Toujours imprévisible et d'une créativité sans cesse renouvelée, Picasso enthousiasme et déconcerte. *Le Couple*, qu'il réalise très tardivement (1967), est l'une de ces étranges compositions où s'entremêlent l'érotisme et des réminiscences mythologiques.

De même, *Pierrot et Arlequin* (1971), ce pastel que Picasso réalise aussi dans les toutes dernières années de sa vie, est un clin d'œil au surréalisme et à son climat d'irréalisme

---

55. *Cf.* p. XVI.

56. Georges Bemberg, *Journal atlantique*, *op. cit.*, p. 96.

onirique. Les distorsions du visage de ces personnages travestis témoignent de la personnalité d'un peintre aux multiples facettes qui n'a cessé de s'essayer à tout pour toujours mieux surprendre.

Dubitatif vis-à-vis d'un artiste porté aux nues et qui a incontestablement marqué l'art du XXe siècle, Georges Bemberg raconte, à propos d'une émission sur Picasso en présence des membres de la famille du peintre, qu'il ressent une sorte de connivence avec ceux-ci. « Chacun était sur ses gardes, circonspect, prudent, comme de concert. On fit passer les toiles de l'époque cubiste et des portraits plus tardifs, pour la plupart indécryptables[57]. » Georges Bemberg était-il trop âgé pour apprécier pleinement une modernité artistique aussi audacieuse ? Ce n'est pas certain. Alors même qu'il s'est désintéressé du surréalisme, du cubisme et de l'abstraction en général, il est surprenant de noter son enthousiasme pour Warhol, même s'il n'a jamais acquis l'une de ses œuvres... « L'artiste américain, dit-il, le plus emblématique de ce siècle, le plus important, peut-être[58]. »

De même, il lui arrive de revenir sur des appréciations trop hâtives à propos d'artistes qui, pour ne s'être pas beaucoup mis en scène, n'ont pas retenu son attention. C'est le cas notamment de Paul Klee, dont il découvre en 1986 l'exposition à la Ca' Pesaro de Venise : « Je ne connaissais pour ainsi dire pas ce peintre. Une ou deux œuvres avaient

57. Georges Bemberg, *Ici, là-bas et ailleurs*, *op. cit.*, p. 146.
58. Georges Bemberg, *Journal atlantique*, *op. cit.*, p. 138.

à peine retenu mon attention. Cette fois-ci, c'est douze tableaux, peut-être plus, que j'ai découverts, comme un élève qui finit par apprendre sa leçon. Trop longtemps je suis passé à côté de Klee ; vieux, je le saisis. Les lacunes de jeunesse se comblent au troisième âge[1]. » Vieux, comme il prétend l'être, Georges Bemberg conservera néanmoins jusqu'au bout une grande curiosité et ce désir essentiel d'évoluer avec son temps.

1. Georges Bemberg, *Ici, là-bas et ailleurs*, *op. cit.*, p. 93.

Les activités de la Fondation

Être mécène n'est pas chose si simple, même lorsqu'on bénéficie d'une fortune conséquente. Pour gérer cette donation tout juste née, Georges Bemberg sut avant tout s'entourer de personnalités en qui il pouvait avoir une entière confiance. Le conseil d'administration, instance qui prend les décisions importantes, notamment l'approbation des comptes, et qu'il présida jusqu'à son décès en 2011, est constitué, outre deux personnalités de la ville de Toulouse, de ses proches, principalement des membres de sa famille. Toute fondation qui se donne pour objectif de faire vivre un musée – et surtout un musée de cette importance – se doit d'en assurer les frais extrêmement lourds. Les institutions culturelles quelles qu'elles soient – publiques ou privées – ne peuvent supporter les charges de leur fonctionnement sans qu'elles ne soient soutenues par des subventions ou des donations. Un musée est en lui-même très généralement déficitaire : même fort nombreuses, les entrées ne sauraient être un apport suffisant pour couvrir les frais de fonctionnement : entretien, aménagements, animations, surveillance, etc.

Georges Bemberg, pour avoir lui-même pratiqué et visité tant de lieux culturels, en était tout à fait conscient. Non seulement jamais il ne fut absent à un conseil d'administration, mais il imposa par sa présence une certaine autorité qui, pour être discrète à sa manière, n'en fut pas moins réelle. Plutôt que de s'exprimer lors de ces réunions, il préférait d'entrée de jeu demander à Christian Baillet de présider la séance, donner la parole à Fabrice Goguel pour les questions juridiques et à Philippe Cros pour le domaine artistique. En réalité, il préférait s'entendre auparavant en privé avec ceux que l'ordre du jour concernait. Jamais aucune décision ne fut prise sans son accord lors d'un conseil, et il revenait au bureau plus restreint (quatre membres) qui se réunissait beaucoup plus souvent pour gérer la mise en œuvre des décisions prises. L'enjeu était de trouver un équilibre entre d'une part les dépenses que génèrent les activités d'un musée que l'on souhaite le plus attractif possible, incluant un important défi culturel et pédagogique, d'autre part les biens d'une fondation, dont il faut gérer intelligemment les fonds pour qu'ils ne s'amenuisent pas avec le temps. Pour essayer de satisfaire à cette exigence, deux personnes de concert avec Georges Bemberg s'y employèrent : d'un côté Christian Baillet, le conseiller financier et l'ami de la famille Bemberg depuis 1979, de l'autre le directeur de la Fondation, Philippe Cros, qui s'évertua jusqu'à la fermeture provisoire du musée nécessitée par des travaux en 2020 à le rendre le plus attractif possible. Le recrutement du personnel fut nécessairement le premier souci de celui-ci. Outre son assistante, le personnel de l'accueil et la surveillance des salles, Philipe Cros s'employa à recruter deux personnes chargées du service éducatif, entourées elles-mêmes de six à sept conférenciers dont les vacations selon les saisons étaient plus ou moins importantes. Priorité pédagogique à laquelle tenait tout particulièrement Georges Bemberg. Au total, une douzaine de salariés, dont un régisseur des bâtiments, ayant pour charge le maintien et le renouvellement des activités du musée.

Dès 1994, Philippe Cros, avant même l'inauguration de la Fondation Bemberg, choisit de s'inspirer du modèle des musées américains, dans une optique de rentabilité ou plutôt de résorption du déficit, en cherchant à optimiser les propres moyens du site du musée : une boutique, la création d'un salon de thé, des visites privées, la location des salles, ces dernières activités étant les plus lucratives. Lorsque l'hiver on ne pouvait guère espérer plus d'une quarantaine de visiteurs au quotidien, un séminaire ou un dîner de gala permettaient de rassembler quelque trois cents visiteurs et multiplier ainsi par sept la fréquentation du musée. Georges Bemberg, familier des musées américains, n'avait pas d'objection quand bien même il se tenait éloigné de toute mondanité. Du reste, ces activités en parallèle, qui furent progressivement abandonnées, étaient accessoires au regard des objectifs premiers du musée. Il s'agissait avant tout de porter à la connaissance de publics élargis les richesses de la collection et, pour en renouveler l'attrait, créer un certain nombre d'événements culturels, parmi lesquels figureront principalement les expositions temporaires d'une part, mais aussi pendant plusieurs années la présence d'un festival de musique en juin sur le lieu même de l'hôtel d'Assézat, ce qui naturellement enchantait Georges Bemberg.

Des concerts de musique de chambre à la Fondation (1998-2009)

Il était une fois une certaine princesse Cecilia de Medici, dont on ne sut jamais très bien la réelle identité. Ancienne élève de l'Institut Reabody (conservatoire de l'université Johns-Hopkins), elle se donna pour but d'aider de jeunes musiciens américains talentueux à élargir le champ de leur activité musicale. Mécène du conservatoire de Baltimore, elle organisait chaque année en hiver un festival de piano et de musique de chambre au Carnegie Hall de New York. Elle invitait ensuite les lauréats pendant une quinzaine de jours en France dans son propre château, dont elle fit en 1981 une fondation – la Gesse Foundation[2]. Les jeunes gens donnaient des concerts dans l'Orangerie du domaine, qui acquirent une certaine notoriété. N'y résidant que quelques semaines par an, Cecilia de Medici choisit en 1998 de vendre sa propriété et se mit dès lors à chercher un autre lieu à même d'accueillir les jeunes musiciens. C'est ainsi que, de 1998 jusqu'en juin 2009, se succéda chaque année à la Fondation Bemberg ce festival

2. Le château de la Gesse est situé à Boulogne-sur-Gesse en Haute-Garonne.

« délocalisé ». Les concerts se déroulaient dans la loggia, à raison de six soirées sur deux semaines, et les solistes, même s'ils étaient jeunes, avaient joué six mois plus tôt leur répertoire à Carnegie Hall, ce qui garantissait un haut niveau artistique. Les programmes instrumentaux et vocaux alternaient durant les concerts. Malheureusement, deux printemps de suite fort pluvieux obligèrent les organisateurs à devoir se replier à l'intérieur de l'hôtel d'Assézat, ce qui rompit pour grande part la magie de ces soirées printanières. Il est vrai au demeurant que pendant les concerts les musiciens devaient composer avec le bruit de fond urbain – quelques klaxons impénitents ou le camion poubelle dans une rue adjacente... Les conditions acoustiques n'étaient pas celles que l'on peut attendre en présence d'une jeune soprano talentueuse. Il fut ainsi décidé à regret de mettre fin à cette épopée musicale.

Des expositions temporaires

Parmi les nombreux projets qu'entreprit la direction de la Fondation figurent bien évidemment les expositions temporaires, qui, outre leur intérêt propre, permettent d'attirer deux fois par an de nouveaux visiteurs mais aussi les assidus du musée, heureux de trouver de nouvelles opportunités pour s'y rendre. De même qu'il était précédemment impossible de rendre compte de la collection dans son ampleur, de même il serait fastidieux de décrire dans leur succession chacun de ces événements culturels bisannuels.

Certains d'entre eux ont eu un retentissement particulièrement fort, telle l'exposition « Bonnard retrouvé », présentant en juin 1997 une centaine d'œuvres sur papier (aquarelles et gouaches) prêtées par Michel Terrasse, le neveu du peintre, d'autres ont retenu l'attention parce qu'il s'agissait d'artistes modernes quasi méconnus, éveillant ainsi la curiosité d'un public érudit. Le parti pris pour lequel opta Philippe Cros fut ainsi de rechercher des opportunités : un prêt de la famille Bonnard, par exemple, ou celui de grands collectionneurs avec qui se sont noués des liens de sympathie. Philippe Cros, malgré le surcroît de travail qu'occasionnaient ces expositions, prenait un grand plaisir à faire découvrir au public un artiste confidentiel mais de qualité.

Ce fut le cas de cette exposition qu'il voua au couple André et Berthe Noufflard en 1996, tant pour le charme de leurs œuvres peintes, d'une grande sérénité et hors de tout effet de mode, que pour le cercle d'amis de grande qualité intellectuelle dont le couple sut s'entourer tout au long de sa vie. Né à Florence en 1885 d'un père français et d'une mère italienne, André Noufflard rêve d'une carrière d'écrivain avant de s'orienter vers la peinture et le dessin, qu'il étudie à l'atelier Simi de Florence. Il a 16 ans lorsque sa sœur aînée Florence épouse Élie Halévy, qui deviendra le brillant philosophe historien de l'Angleterre et du socialisme. Berthe (1886-1971), quant à elle, naît en Normandie, élevée par sa mère veuve – madame Langweil-Ebstein –, bien connue à Paris pour son magasin d'antiquités de la Chine et du Japon.

Les toiles de Berthe, essentiellement des portraits, sont empreintes d'une intimité heureuse, un peu à la manière de Berthe Morisot, tandis qu'André est plus inspiré par les paysages, marqués notamment par les souvenirs d'enfance en Italie. Comme le souligne Philippe Cros, bien que les sujets abordés par Berthe et André soient différents, « c'est conjointement qu'il convient d'étudier l'art des Noufflard [...] tant leur création s'épanouit dans une communion de pensée et même de style[3] ».

Ce qui surprend tout en séduisant, c'est l'anachronisme de leur œuvre, « plus proche, et ce jusque dans les années 1960, de Vuillard que des expériences contemporaines[4] ». L'exposition présente quelque cent trente œuvres couvrant les toiles peintes entre 1906 et 1969 de l'un et l'autre de ces deux artistes.

Au cours d'un entretien[5], Philippe Cros commente volontiers une autre de ces expositions temporaires qu'il se plaisait tant à mettre sur pied. Il s'agit ici de découvrir un peintre qui s'est principalement adonné à l'art du portrait. L'exposition « Mac'Avoy, portraits », présentée en 1997 à la Fondation, est en effet focalisée sur un univers tout autre, celui d'un peintre qui ne cessa de réaliser les portraits de multiples personnalités qui ont marqué le XXe siècle : artistes, poètes et écrivains, personnalités du théâtre et compositeurs, hommes d'État ou religieux... Né en 1905

3. Fondation Bemberg, *André et Berthe Noufflard*, catalogue d'exposition, hôtel d'Assézat, Toulouse, 1996, p. 13.

4. *Ibid.*, p. 7.

5. Entretien avec Philippe Cros, le 19 décembre 2022.

en Gironde, Édouard Mac-Avoy (1905-1991), descendant par son père d'une famille catholique irlandaise émigrée en France au XVIIe siècle et par sa mère, Hélène de Cazalet, d'une famille huguenote des Cévennes, fait ses études en Suisse puis entre très jeune à l'Académie Julian. S'il s'essaie à la réalisation de paysages, c'est au portrait qu'il se consacrera entièrement avec la rigueur que son goût pour le dessin nourrit, à une époque où la plupart des artistes s'en étaient détachés. Alors même qu'il ne réalise aucun autoportrait, l'artiste exigeait de ses modèles de longues heures de pose dans la quête intense et intime de leur personnalité. C'est grâce à une longue amitié de Georges Bemberg avec l'artiste que cette exposition put avoir lieu à la Fondation.

Durant les dernières années de Georges Bemberg, les expositions temporaires se sont espacées puis ont été interrompues. Plusieurs raisons permettent de comprendre ce déclin progressif. Bien qu'elles soient réalisées avec des budgets restreints, Georges Bemberg préférait ne pas disperser les fonds pour donner la priorité à de nouvelles acquisitions à même d'enrichir encore davantage la collection. S'approchant de la fin de sa vie, sans doute était-ce là sa préoccupation première : laisser derrière lui un fonds aussi complet que possible. Ces expositions n'étaient donc pas prioritaires à ses yeux, il trouvait qu'elles demandaient un travail considérable et, de ce fait, restreignaient la disponibilité de Philippe Cros pour l'accompagner dans les ventes. Par ailleurs, on peut se demander s'il ne considérait pas qu'elles portaient un peu d'ombre à sa propre collection. Il lui était arrivé en quelques occasions d'avoir des retours un peu négatifs de visiteurs qui exprimaient leur regret de n'avoir pas eu suffisamment de temps pour regarder l'ensemble : « On a vu une exposition qui est amusante, qui est belle, mais si on avait su ce qu'il y avait en haut on aurait commencé par l'étage… » Georges Bemberg se permit ainsi, sans intention blessante, de faire ces remarques à Philippe Cros : « Vous vous épuisez à faire vos expositions dans la cave, ce n'est pas génial, vous devriez mettre tout l'argent dans la collection[6]. » Les expositions temporaires furent donc supprimées. Après le décès de Georges Bemberg, elles seront néanmoins reprises avec des moyens nettement plus importants.

De nouvelles acquisitions

Une fois la Fondation créée et le musée ouvert, le souci constant de Georges Bemberg, et ce jusqu'aux dernières années, fut donc d'enrichir la collection au gré des ventes qui se présentaient et dont il se tenait très au courant. Philippe Cros se souvient des discussions lors de la consultation des catalogues, ces longues séances de travail rue du Dragon. Pour toutes les acquisitions qui furent faites après la création de la Fondation, Georges Bemberg lui demandait systématiquement conseil : « Il me demandait

6 Entretien avec Philippe Cros, le 19 décembre 2022.

quotidiennement mon avis et suivait le sien en tout[7] ! » raconte ce dernier avec amusement. Certes la question des prix des ventes intervenait le plus souvent dans la demande de conseil, mais il y avait aussi le plaisir du partage entre deux passionnés d'art, l'un professionnel et l'autre, bien qu'amateur, grand connaisseur tout à la fois des époques et des œuvres. Autant que le lui permettaient ses responsabilités, Philippe Cros accompagnait le collectionneur lors des ventes.

Aux États-Unis, où le collectionneur achète beaucoup, il lui était plus difficile de se déplacer, mais plusieurs acquisitions que fit Georges Bemberg à New York força son estime. Ce fut notamment un bonheur lorsque Georges Bemberg, fit l'acquisition de cette splendide toile de Véronèse (1528-1588), *Le Fauconnier*[8] (1560).

De même, Philippe Cros fut admiratif de l'achat du grand tableau de Cranach *Hercule et Omphale*[9] (1537), une merveille de par son format, que Georges Bemberg acquit en son absence.

Les toiles acquises durant les dernières années du vivant de Georges Bemberg relèvent pour la plupart d'entre elles des XVIe, XVIIe et XVIIe. Les œuvres plus récentes (XIXe et XXe siècles) étaient devenues tellement chères que ce n'était plus le moment où l'on pouvait avoir de surprise. La montée des prix dans le domaine de l'art posait d'ailleurs

7. Entretien avec Philippe Cros, le 4 octobre 2022.

8. *Cf.* p. I.

9. *Cf.* p. II.

problème. Georges Bemberg était en effet très attentif au coût de ses achats : il achetait raisonnablement, ne voulant en rien céder à ce qu'il nommait « la cherté ». « La cherté, disait-il, est le seul guide de l'amateur qui ne sait rien[10]. » Il se méfiait en effet de l'amalgame trop fréquent entre le coût des œuvres et leur qualité supposée. Il suspectait les effets de mode et de snobisme, pour lesquels il était très critique, comme il en rend compte dans son journal : « Deuxième vacation à Christie's. Salle emplie des plus gros magnats de l'écran, alléchés par les tableaux ayant appartenu au compositeur Richard Rodgers : Monet, Picasso, Matisse ; leurs toiles confèrent un statut à ceux qui les achètent. On arbore Monet comme une décoration. On se fait photographier, smoking et robe longue, assis ou debout, devant le tableau acquis à prix fort. J'ai détalé avant la fin de la vente pour n'avoir pas à tituber à travers la cohue [11]. »

De manière générale, il a eu d'ailleurs du mal à comprendre et à accepter la croissance des prix quand ceux-ci ont décollé dans les dernières décennies. Il était tiraillé par le souci de poursuivre le nombre de ses acquisitions sans dépasser pour autant ce qu'il pensait pouvoir être son budget. Lorsque Philippe Cros l'encourageait à retenir telle ou telle toile dont la qualité était indéniable mais d'un prix élevé, il s'indignait, reprenant son propos coutumier : « Nous ne céderons pas à la cherté », phrase qu'a si souvent entendue le directeur de la Fondation, qui

10. Georges Bemberg, *Journal atlantique, op. cit.*, p. 103.

11. *Ibid.*, p. 97.

lui répondait placidement que, si ce n'était lui, d'autres s'empresseraient de céder à sa place. Les désaccords néanmoins étaient rares, Philippe Cros considérant qu'avant toutes choses c'était au collectionneur d'en décider et, de fait, il ne s'offusquait nullement que Georges Bemberg soit si peu soucieux de suivre les avis qu'il ne cessait de lui demander. Une fois cependant, Georges Bemberg, peu emballé par une toile dont Philippe Cros lui vantait les mérites, se rangea à l'avis de celui-ci, sans que l'on puisse affirmer si ce fut grâce aux arguments mis en avant ou au désir de faire plaisir à celui qui l'accompagnait. L'anecdote mérite d'être racontée : « Un jour, il y a un tableau, je me souviens, qu'il acheta sans doute pour me faire plaisir. On était à New York chez Christie's, il y avait des tableaux qui n'étaient pas chers mais qui me laissaient complètement indifférent, alors même qu'il y avait un merveilleux tableau d'Henri-Pierre Danloux[12] [1753-1809] représentant l'un des fils de Georges III en uniforme. "Vous avez deux tableaux pour le prix d'un, lui dis-je, à la fois un tableau français et en même temps un tableau anglais de la période anglaise de Danloux." C'était très intéressant ce syncrétisme avec l'art anglais de l'époque et ça s'est vendu une misère parce que ce genre de choses n'intéressait pas les gens. Et on a acheté ce tableau mais c'est la seule fois... Il m'avait dit, "Vous boudez Monsieur." "Non", lui avais-je répondu[13]. »

---

12. *Cf.* p. VII.

13. Entretien avec Philippe Cros, le 4 avril 2022.

En vieillissant, les prix ne cessaient de déconcerter le collectionneur. Ce qu'il achetait auparavant vingt mille euros en valait désormais deux cent mille, de telle sorte qu'il devenait de plus en plus soucieux de ne pas se laisser tenter inopinément. Avant toute acquisition, il passait un coup de fil à celui en qui il avait toujours eu une confiance absolue, Christian Baillet. Et lorsque celui-ci lui indiquait le montant dont il pouvait disposer sans aucun souci, Georges Bemberg s'empressait de le diviser par deux. Il n'y avait guère que les acquisitions à « trois francs six sous » qu'il s'autorisait, de telle sorte que les plus belles acquisitions n'ont pas été faites à la fin de sa vie.

Cette inquiétude face à la dépense, sans doute faut-il l'associer à différents facteurs : d'une part cette flambée des prix alors même que ses références n'avaient guère évolué, d'autre part, lui-même ne connaissait pas vraiment l'étendue de sa fortune qui, loin de s'amenuiser, demeurait d'autant plus solide qu'il ne dépensait guère pour lui-même. On peut aussi se demander si la relation à sa famille, et tout particulièrement à son père, ne l'inclinait pas à minimiser ses dépenses. Son père, originaire d'une filiation luthérienne, partageait l'éthique protestante selon laquelle l'enrichissement par le travail est légitime mais ne saurait être dépensé de manière inconsidérée. On peut supposer que toute sa vie Georges Bemberg, sans s'être contraint à partager le labeur de son père et sans avoir pour autant renoncé à sa liberté, fut soucieux de ne pas déroger à ce principe. Au quotidien, il dépensait avec retenue, bien en deçà des moyens dont il disposait. En tant que collectionneur, les dépenses acquirent à ses yeux une certaine légitimité, et ce d'autant plus lorsque naquit le projet d'une fondation. La crainte cependant d'être reconnu comme un parvenu ou comme le fils d'une famille richissime l'a toujours poursuivi. Ne pas dépenser de manière irréfléchie le fruit d'une famille qui a acquis une certaine fortune en s'efforçant de la gérer de manière rationnelle est demeuré le principe qu'il s'est donné pour règle. D'ailleurs, il préférait se représenter sa famille ainsi : « Nous ne sommes pas riches mais nous sommes *wealthy* », ce qui dans son esprit renvoyait davantage à une certaine aisance qu'à une fortune devant être étalée aux yeux de tous.

La traversée d'un siècle

Né le 30 septembre 1915, Georges Bemberg s'est éteint le 17 juillet 2011, autrement dit il a quasiment traversé un siècle, du début du XXe siècle jusqu'au début du XXIe siècle, période au cours de laquelle se sont déroulées deux guerres mondiales et d'innombrables conflits, sans compter les dictatures, dont l'une d'une violence inouïe a ravagé son propre pays natal. Le *Journal atlantique* que tient Georges Bemberg de 1959 à 1999 ne rend pas compte de ces événements, mais on ne peut soupçonner chez lui une quelconque indifférence, bien au contraire. Il se tenait quotidiennement au courant de l'actualité, autant que le lui permettait la lecture quotidienne des journaux, puis plus tard le complément d'information que lui apportaient les reportages télévisés. Ses proches comme lui-même, grâce à l'aisance avec laquelle ils pouvaient se déplacer selon les situations d'un pays à l'autre, ont pu se protéger des perturbations. Pour autant la lecture du *Journal atlantique* permet de se rendre compte de l'aversion que son auteur porte pour toutes les formes de barbarie propres aux situations guerrières ou dictatoriales.

Lorsqu'en 1943 il s'apprête à quitter Buenos Aires, il exprime la lassitude qu'il ressent pour ce qu'il vit comme un confinement, avec des informations dont il déplore l'insuffisance à propos de ce qui se passe à l'échelle mondiale. En réalité, son intérêt pour l'événementiel, jamais partagé avec ses proches, est néanmoins si présent qu'il développe une attitude critique vis-à-vis des médias, nourrie par sa lecture du grand théoricien de la communication canadien que fut Marshall McLuhan. Peu enclin aux jugements d'une pièce et conscient de la mésinformation, Georges Bemberg développe ainsi un regard prudent, souvent critique mais toujours nuancé, sur le monde qui l'entoure et qu'il ne cesse d'observer avec une distance qui lui permet de conserver du discernement.

Par ailleurs, la traversée du XXe siècle s'est accompagnée de changements de modes de vie, de progrès scientifiques et technologiques galopantes, que Georges Bemberg a le plus souvent cherché à intégrer, que ce soit dans le domaine des transports, de la communication, des apports scientifiques, des progrès dans le domaine médical, qu'il suit avec un grand intérêt. Ne pas bouder le progrès est sa devise. Et quand bien même il ne peut que demeurer attaché à certaines valeurs – le respect, l'amabilité, voire la courtoisie –, il sait s'accommoder des changements de mœurs, les tenues débraillées et le langage des jeunes entre autres, et ne s'en offusque pas plus que cela. En bref, Georges Bemberg ne s'est guère offensé des changements, mais certainement l'aisance dont il a bénéficié toute son existence a amplement facilité une accoutumance à la modernité sans devoir en braver les nuisances (l'accélération des flux et des rythmes de vie notamment).

Le poids des guerres et des dictatures

On peut être surpris que Georges Bemberg n'ait jamais fait référence dans ses écrits à la violence des tumultes sociopolitiques qui ont tant secoué l'Argentine. Il n'ignorait pas la gravité des sévices que le régime de Juan Perón fit subir à ses grands-parents par la confiscation de leurs biens, y compris la brasserie Quilmes, en 1948. Si la famille recouvre ses propriétés en 1955 après le coup d'État qui renverse Perón, les relations familiales lors de son retour au pouvoir en 1972 – le « troisième péronisme » – n'avaient guère de chance de s'améliorer avec ce régime. Victoria Ocampo a notamment manifesté ouvertement son hostilité à Juan Perón. Alors qu'elle a créé dès 1936 l'Union argentine des femmes, elle s'oppose vivement au chef d'État lorsque celui-ci annonce en 1953 la loi pour le suffrage féminin promue par un gouvernement qu'elle considère comme antidémocratique. Lors d'une manifestation, elle est mise en détention et sa maison est perquisitionnée. C'est grâce à l'intervention d'intellectuels argentins et européens, parmi lesquels Albert Camus, qu'elle obtient sa libération quelques semaines plus tard. Certes Georges Bemberg, durant cette période, s'est éloigné de l'Argentine et navigue entre les États-Unis et la France, mais on peut s'étonner qu'il ne fasse nulle part mention de ce fait concernant sa propre cousine, à qui il vouait une certaine admiration.

Plus troublant encore, jamais n'est mentionné non plus ce que vécut l'Argentine lors de la dictature militaire qui s'impose de 1976 à 1983, laissant derrière elle quelque trente mille disparus, quinze mille fusillés, neuf mille prisonniers politiques, sans compter plus d'un million de réfugiés. Mais un détail dans son *Journal* surprend : l'année 1976 est tout simplement absente alors qu'elle marque le début de ce régime. Quant à l'année suivante, juste quelques notes dont l'une n'est sans doute pas anodine. Relatant une conversation qu'il eut à Londres avec Robert Moss[1], il écrit ceci : « Vous pouvez être un homme de gauche sans être marxiste, mais vous ne pouvez pas être un homme de droite sans être réac[2]. » Puis plus rien jusqu'en 1982, année où il s'insurge ouvertement contre la guerre des Malouines. Certes, pendant la dictature militaire, Georges Bemberg est davantage présent à Paris et commence à se préoccuper plus sérieusement de sa collection et du devenir de celle-ci. Mais comment interpréter cette interruption de la tenue de son journal pendant près de cinq années ? On ne peut suspecter un quelconque désintérêt lié à l'éloignement, en revanche on peut concevoir qu'il ne pouvait y avoir pour lui de mots pour mentionner tant d'horreurs. Un silence qui serait

1. Robert Moss, professeur d'histoire antique à l'université nationale d'Australie.

2. Georges Bemberg, *Journal atlantique*, *op. cit.*, p. 44.

peut-être lié à la pudeur, à l'impossibilité de nommer l'ignoble, la nécessité de taire ce qui trahit toute forme d'humanité ? On peut se risquer à le supposer.

La guerre des Malouines (2 avril-14 juin 1982)[3], en revanche, retient toute son attention et, alors même qu'il est si mesuré dans ses propos sur les événements politiques, il s'autorise ici quelques remarques cyniques sur la conduite de l'Angleterre. Ce qu'il voit et entend à la télévision, ce qu'il lit dans le *Herald Tribune*, même s'il demeure toujours méfiant vis-à-vis des médias, l'indigne. Il ne mâche pas ses mots à propos de Margaret Thatcher, « enragée », « ayant perdu tout son flegme » et pour qui « les Argentins ne sont qu'une flopée de soldats de fortune dissipés ». « Les qualités que j'apprécie le plus chez les Anglais, écrit-il, sont précisément celles qui les ont amenés à remporter la victoire : stratégie, prudence, discipline. Néanmoins, la jubilation de leurs tabloïds, leur rage à discréditer les Argentins, à les galvauder jusqu'à l'opprobre laisse à penser que c'est aussi à une férocité de vieux guerriers que nous devons notre défaite. » Et de conclure, de manière assez lapidaire : « En définitive, les Argentins avaient besoin d'une défaite pour se libérer des militaires, tout comme Mrs Thatcher a tiré parti d'une victoire pour renouveler son mandat[4]. »

3. Le conflit est causé par la volonté de la dictature militaire argentine de faire valoir ses positions sur la souveraineté de ces archipels, placés par les Nations unies sur la liste des territoires contestés. Ceux-ci avaient été successivement occupés par la France, l'Espagne puis le Royaume-Uni. Cette guerre a opposé l'Argentine et le Royaume-Uni du 2 avril 1982, avec le débarquement de l'armée argentine, au 14 juin 1982 par un cessez-le-feu. Elle se conclut par une victoire du Royaume-Uni, qui affirme sa souveraineté sur ces territoires.

4. Georges Bemberg, *Journal atlantique*, *op. cit.*, p.48-49.

Georges Bemberg est extrêmement sensible au pouvoir de la communication dans le domaine politique, et ce d'autant plus dans le contexte de conflits sociaux, nationaux comme internationaux. Sa réflexion à propos de l'intervention subite des États-Unis en Irak en est une illustration : « La guerre du Golfe est un conflit américain. Contenir Hussein et dépanner Israël sont les deux cartes à jouer qui peuvent restituer à Bush la popularité qu'il a perdue[5]. ». Très vite, beaucoup plus rapidement que ne l'ont fait les intellectuels européens, Georges Bemberg a développé une critique aiguë du rôle des médias dans l'événementiel.

L'inflexion des médias sur la réalité

Georges Bemberg a lu Marshall McLuhan, dont la pensée, incroyablement audacieuse, fut mieux reçue aux États-Unis qu'en Europe. La formule – *Medium is message*[6] – qui synthétise sa réflexion explicite la manière dont le support de la communication, qu'il s'agisse de l'imprimé, du téléphone, de la télévision et désormais de l'ordinateur, implique la nature du message, tant dans sa forme que dans son contenu. Tandis que l'écrit sollicite les activités cognitives de l'abstraction, les médias électroniques – l'écran de la télévision comme celui de l'ordinateur – privilégient le flux des images et les émotions que celles-ci

5. *Ibid.*, p. 95.

6. « Le message, c'est le médium », ce qui signifie que la nature d'un média (du canal de transmission) compte plus que le sens ou le contenu du message. *Cf.* M. McLuhan, *Pour comprendre les médias*, traduction française, Seuil, 1968.

suscitent au détriment de l'analyse distanciée. Le succès généralisé des médias électroniques et numériques n'a pas été à son tour sans influencer la presse écrite, friande de gros titres, sur le modèle de certains « journaux américains bâclés » qui « suffisent à un public plus curieux de ce qu'on lui dit que de ce qu'on ne lui dit pas[7] ». Quant à la télévision, Georges Bemberg ne manque pas de mentionner la confusion qu'elle entretient chez le public entre le réel et l'irréel, qu'il s'agisse de l'exemple qu'il relève « d'un enfant qui tire un coup de revolver sur ses parents sans vouloir le tuer [...] et qui, lorsqu'il les voit tomber, se figure que tout se passe comme à la télévision où les acteurs font mine de se battre, de tuer, de mourir[8] » ou qu'il s'agisse de la violence au quotidien dont l'image télévisée est saturée. « Rompus à la fréquence de l'horreur, aux charniers, aux catastrophes, on ne réagit plus à rien ou presque. Notre indignation est à sec[9]. » Les exemples que mentionne Georges Bemberg sont nombreux quant à la manière dont les médias, par leur surenchère des images, transforment le réel en simulacre, le réel et la fiction devenant inextricables. Loin de s'être confiné dans le régime traditionnel de l'information tels que le *Herald tribune* ou *Le Monde*, Georges Bemberg s'est intéressé aux dérives des *mass medias*, dont il analyse l'importance des effets mondialisés. Plutôt que de bouder la télévision, il la regarde sans honte,

7. Georges Bemberg, *Journal atlantique*, *op. cit.*, p. 50.

8. *Ibid.*, p. 74.

9. *Ibid.*, p. 117.

tout en analysant les modes culturels qu'elle transmet plus aisément que ne peuvent le faire les instances politiques : « Ni Bush, ni Delors, ni l'ONU, ni Maastricht ne suffiront pour attirer les pays de l'Est ; c'est le vedettariat occidental – Bardot, Callas, Marilyn, Pelé, Piaf, Maradona, McEnroe, Michael Jackson, Mickey Mouse, Disneyland... qui les aguichera[10]. » De même, dès les années 1980, il s'interroge sur l'importance de l'ordinateur dans l'enseignement primaire dont une enseignante d'électronique à la Columbia University[11] vante les mérites à la télévision. Les élèves, selon elle, apprendraient plus vite à l'aide d'images qu'avec des lettres, alors qu'autrefois il leur fallait cinq ans pour apprendre à lire. Georges Bemberg, l'écoutant, force encore le trait en le généralisant : « L'imprimé ne sera plus qu'une méthode auxiliaire d'éducation. [...] L'ordinateur n'a pas remplacé que le maître d'école ; il est devenu le parent inespéré, l'adulte de rêve, quelqu'un avec qui l'enfant peut jouer son rôle sans avoir à l'apprendre[12]. » Sans condamner le « progrès » dans le domaine de l'électronique et du numérique, Georges Bemberg cherche donc à en comprendre les apports mais aussi les effets pervers prévisibles. La culture américaine lui a permis de mener une réflexion qui devance celle de l'Europe. Loin de se positionner en conservateur, il interroge le mouvement du monde et le partage. « On n'est plus libre d'être le

10. *Ibid.*, p. 96.

11. Travaux réalisés par Mary Alice White, Director of the Laboratory for the Psychological Study of Telecommunication, 1981-1982.

12. Georges Bemberg, *Journal atlantique*, *op. cit.*, p. 58.

même. On consent à changer[13] », dit-il. Tout peut devenir « rocambolesque dès qu'on boude le progrès ».

Du rôle de la médecine et de la psychanalyse

Georges Bemberg s'est intéressé aux phénomènes sociaux dans leur diversité. Si, dans son journal, le récit de ses rencontres, surtout littéraires, est omniprésent, si les événements tiennent également une place importante, d'autres thématiques surgissent également ici ou là. Le domaine de la santé est l'une d'elles. Il y attache d'autant plus d'importance qu'à ses yeux la « santé » est le seul gage d'autonomie ; « elle seule permet de se réconcilier avec soi-même » et, s'il se soucie de la sienne, c'est pour ne pas devoir « être soumis à la commisération[14] » de ceux qui lui veulent du bien : ses proches, ses amis, les infirmières... Ce souci ne l'empêche pas, bien au contraire, d'être critique vis-à-vis des pratiques médicales et psychanalytiques, avec pour ces dernières, qu'il a très certainement expérimentées, un humour on ne peut plus caustique qu'on ne peut découvrir sans sourire.

Ses critiques de la pratique des généralistes sont sans doute partagées par bien des patients : « Les médecins sont si débordés qu'on ne s'avise pas de répondre à leurs questions par peur de les déranger et parce que tout patient est supposé fâcheux. Peut-être sont-ils trop débordés pour

13. *Ibid.*, p. 36.
14. *Ibid.*, p. 126.

s'attarder plus qu'il ne le faut sur un patient en particulier. Brefs, indifférents, méticuleux, ils en disent le moins possible, le silence prescrit par les freudiens militants semble avoir influencé les autres médecins, quelle que soit leur spécialité. Ils découragent toute conversation pour ne pas perdre de temps ou pour en gagner. Actuellement la durée moyenne d'une visite chez un généraliste à New York est de huit minutes[15]. » Quant à la pratique des « psys », dont le succès s'est introduit dans la culture du XXe siècle, Georges Bemberg ne peut s'empêcher d'ironiser ouvertement : « Une longue psychanalyse continue à fonctionner après la fin du traitement. La libre association poursuit ses détours. C'est une habitude dont on ne se défait pas. Un rêve suspect s'interprète de lui-même. On est toujours enclin à élucider le comportement insolite du premier venu. On imagine les traumatismes qui ont déréglé son enfance. A-t-il vu quelque chose ? Son père l'a probablement rossé parce qu'il voulait coucher avec sa maman. Finalement dérouté par des conjectures à la fois fragiles et hardies, "on laisse tomber". Néanmoins le mécanisme redémarre de lui-même à la faveur d'un geste, d'une remarque qui prête à équivoque[16]. » Georges Bemberg demeure dubitatif sur le phénomène, qu'il commente ainsi : « Aussi nombreux sont les Américains ayant suivi une psychanalyse, seuls 1 % d'entre eux, selon un sondage réalisé en 1950, se disaient

15. *Ibid.*, p. 42.
16. *Ibid.*, p. 43.

satisfaits de leur traitement[17]. » Et pourtant le secours d'un « psy », quelles que soient les circonstances, demeure toujours à portée de main, pourvu qu'on ait accès à un téléphone : « À New York, lorsque les rues sont obstruées à la suite d'une tempête de neige, on prévient le *shrink* (psy), et la séance se déroule chez vous, comme si vous étiez chez lui, au téléphone[18]. »

Freud, l'initiateur, retient évidemment toute son attention, au point qu'une visite, lors d'un séjour à Vienne en 1973, de l'appartement qu'habitait le thérapeute lui paraisse incontournable. Fermé le jour où il s'y présente, il y retourne le lendemain : « C'est ici qu'il habitait, me dis-je. Petite antichambre où l'on découvre sa canne, son chapeau et sur la table d'une autre pièce attenante ses lunettes, son stylo. La salle d'attente est intacte. Le reste de l'appartement, tel qu'il était, est reconstitué à l'aide de photos : Freud et Charcot, Freud et Breuer, Freud et ses amis, ses collègues, de Jung à Ferenczi, Adler, Rank, Ernest Jones. Freud en loden, aux États-Unis, dans son cabinet de travail encombré de statuettes [...]. L'étonnant c'est qu'il ait pu travailler de 1891 à 1938 dans un logement aussi incommode[19]. »

Par ailleurs, les querelles de chapelle qui ne cessent d'alimenter la concurrence des analystes déconcertent Georges Bemberg. La lecture d'un article publié par le

---

17. *Ibid.*
18. *Ibid.*
19. *Ibid.*, p. 41-42.

New York Psychoanalytic Institute lui fait penser au Kremlin ! « Chacun tremble pour sa carrière. Les factieux se tiennent sur leurs gardes. Quiconque s'avise d'élaborer une thérapie nouvelle est dénoncé *illico* comme hérétique. Tous ces thérapeutes devenus aussi perturbés que leurs patients[20]... » De toute évidence, si Georges Bemberg s'est passionné pour les apports de la psychanalyse, il ne saurait en aucun cas la considérer comme une science fiable, tant s'en faut. À propos de Lacan, du reste, ses propos feraient grincer des dents tous ceux qui, en France, sont nombreux à aduler la théorie de l'analyste. « Lacan, le thérapeute si controversé, peu connu aux États-Unis, me rappelle par certains côtés le psychanalyste viennois Zilboorg qui regardait son téléviseur en écoutant un patient ; en l'occurrence, Christian M. [...] me l'a confirmé. Hugo, mon neveu, consulta Lacan sans jamais m'en souffler un mot ; mais un de ses amis me rapporta vingt ans plus tard que le traitement de Hugo avait été de courte durée, les séances étant de plus en plus brèves, les honoraires plus élevés, si exorbitants qu'il n'était plus question de les régler. Mais Lacan, peu disposé à perdre un patient comme Hugo, s'avisa de se rendre chez sa mère, résolu à l'alarmer sur l'urgence du traitement. Elle ne se laissa pas circonvenir et l'entêtement de Lacan n'aboutit à rien ; mon neveu cessa de le voir[21]. »

20. *Ibid.*, p. 69.
21. *Ibid.*, p. 107.

Chroniques musicales

Si Georges Bemberg a rompu avec l'apprentissage de la musique, il est demeuré très assidu au plaisir de l'écoute, notamment à l'occasion des concerts auxquels il assiste et dont il rend compte dans son journal. Au fil des pages, nombreux sont les moments qu'il évoque en mentionnant les œuvres qu'il écoute chez lui, à New York ou à Paris, et dont il rappelle la ferveur qu'il leur voue. Wagner arrive en tête, et ce depuis toujours : « J'aimais Wagner avant même de l'entendre. Sa musique répondait à un besoin inné dont nul n'a pu me sevrer. Ce n'était pas un choix, ni même une joie de l'écouter, mais bel et bien une exigence. On n'est pas à même de juger une musique dont on ne peut se passer[22]. » Et de fait, bien souvent, il s'adonne en solitaire à l'écoute de *Parsifal*, cet opéra en trois actes que Richard Wagner a créé en 1882 lors du second festival de Bayreuth et dont certaines versions peuvent durer cinq heures, celle d'Arturo Toscanini en 1931 notamment. « Écouté *Parsifal* tout l'après-midi », raconte-t-il dans son journal : « On se laisse aller comme si cela ne devait pas finir. Ce n'est pas trop long. Ce n'est pas assez long. Cela dépasse le domaine de la musique pour la seule raison que ce n'est plus de la musique[23]. » *Parsifal* que Julie Manet prenait également tant de plaisir à écouter, *Parsifal* que Debussy commentait et chantait

22. *Ibid.*, p. 139.
23. *Ibid.*, p. 31.

avec sa voix étrange dix ans après la mort du compositeur, *Parsifal* que le Tout-Paris des cercles artistiques et littéraires, parmi lesquels les Manet, les Lerolle, mais aussi Paul Valéry et Mallarmé, écoutait avec émotion. Le choc culturel qu'introduisit Wagner sera au diapason avec celui qu'initièrent quelques années plus tard les impressionnistes, pour lesquels s'enthousiasma tout autant Georges Bemberg. *Parsifal*, toujours lui, qui, selon le poète anglo-américain W. Hugh Auden, « ne convient qu'aux natures robustes et heureuses, fortement déconseillé en revanche aux incompris, aux malchanceux, aux ratés – aux "maladifs" de Nietzsche[24] ». Et Georges Bemberg d'ajouter, non sans quelque plaisir : « Nietzsche se dissimule derrière Bizet pour se protéger de Wagner : "Il rend malade"[25]. »

Aux côtés de Wagner coexistent de nombreux compositeurs dont le répertoire apprécié demeure néanmoins fort classique : le *Don Giovanni* de Mozart avec « l'innocence du diable de la scène du Menuet[26] » ; Rossini qu'il va écouter à l'Opéra-Bastille parce qu'il est interprété par Cecilia Bartoli, qui l'enchante. La mezzo-soprano italienne est l'unique voix, dit-il, qui puisse le réconcilier avec Rossini. « Elle chante en riant, tant la mélodie l'amuse. À la drôle de musique de Stockhausen, elle préfère la musique drôle de Rossini[27]. » Mais il faudrait en mentionner bien

24. *Ibid.*, p. 76.
25. *Ibid.*, p. 77.
26. *Ibid.*, p. 94.
27. *Ibid.*

d'autres : Beethoven, dont il apprécie particulièrement l'*Ode à la joie*, Milhaud, que n'aime pas Nadia Boulanger, Rimski-Korsakov, Stravinsky, dont la *Symphonie de Psaumes* l'étonne et l'enchante, Manuel de Falla, qu'il vit un jour au Colón[28] « grimper au pupitre, déjà frêle et voûté, dirigeant de sa main gauche *Le Retable de Maître Pierre* (1922)[29] »... En musique comme en peinture, Georges Bemberg est assez éclectique, mais son répertoire ne s'étend pas à l'époque contemporaine.

Un vieux monsieur

À partir de quel âge se sent-on devenir un vieux monsieur ? La première fois que Georges Bemberg mentionne le mot « vieillesse », il a 83 ans, il sort d'un congrès de l'ONU et ressent le désir d'un retour à Paris : « Dépaysé par une vieillesse qui s'accélère de jour en jour depuis que je suis là. Je pars demain pour Paris afin de regagner les allées désertes de Bagatelle où je presse le pas entre les arroseuses. Un parc conçu pour délasser le promeneur qui n'est pas toujours là, un jardin pour absents[30]. » Vieux, sans doute, si l'on fait le compte des années, mais le goût des déplacements n'a rien perdu de son attrait. Les mois qui suivent l'inauguration de la Fondation, il se trouve en janvier en Argentine, puis à Paris pour repartir ensuite à

28. Opéra Colón à Buenos Aires.

29. Georges Bemberg, *Journal atlantique*, *op. cit.*, p. 129.

30. *Ibid.*, p. 141.

Santa Monica en Californie, quelque peu surpris de ne plus y retrouver la jeunesse d'Hollywood, qu'il quitte assez promptement pour rejoindre Buenos Aires...

S'il est âgé, Georges Bemberg demeure toujours actif et autonome, l'objectif qu'il s'est donné et qu'il sait maintenir grâce à une hygiène de vie simple. S'il va souvent déjeuner ou dîner au restaurant lorsqu'il ne partage pas le repas chez son frère, il demeure d'une grande sobriété. Gourmet, sans doute l'est-il, mais jamais il ne se laisse tenter plus qu'il ne le faudrait. De même, chacune de ses journées est ponctuée de longues marches, que ce soit à New York ou à Paris. Il aime ces moments où le corps et l'esprit convergent en liberté. Au passage, en bon observateur qu'il a toujours été, il note des poubelles peu soignées, des jeunes hirsutes, un laisser-aller qui se généralise, la pollution de Paris... mais ce n'est pas le regard d'un vieux grincheux. Son esprit toujours vif l'oriente plutôt vers les tâches qu'il lui reste à accomplir. Non seulement sa collection occupe toujours ses pensées, on l'a vu, mais il souhaite également assurer la réédition de ses écrits, d'une part *Mal du Sud*, d'autre part *Journal atlantique*. Son journal a pris fin au terme de l'année 1999 sans que rien ne l'ait annoncé, si ce n'est peut-être en dernière page, avec ce propos qu'il emprunte à Wittgenstein. « Qui vit dans le présent vit sans crainte et sans espérance [31]», et pourtant, quelques lignes plus bas cette assertion : « L'avenir ? Je ne demande rien d'autre[32]. »

---

31. Arthur de Gobineau, cité par Georges Bemberg, *Journal atlantique*, *op. cit.*, p. 300.
32. *Ibid*, p. 300.

Cette tâche de réédition n'est pas chose simple. Dominique Baumgartner, qu'il sollicite à nouveau de 2007 à 2009, se rend chez lui avec son ordinateur et assure méticuleusement les corrections qu'il suggère. Elle reprend ici ou là, avec sa vigilance coutumière, des bribes de phrase, déplace des paragraphes, supprime des passages, modifie un mot... Mais le lendemain tout est à refaire. Entre-temps Georges Bemberg, après avoir relu et encore relu, réclame d'autres corrections. Cela n'en finit plus et Dominique Baumgartner est quelques fois sur le point d'abandonner, si ce n'était ce vieux monsieur qui, quels que soient ses atermoiements, demeure en toutes circonstances si courtois et auquel elle s'est attachée.

Il y a par ailleurs les séances de travail avec Philippe Cros qui, le plus souvent, arrive chez lui à l'heure du thé et en ressort fréquemment vers 23 heures. « Nous pouvions échanger trois heures d'affilée pendant que nous regardions les catalogues des ventes, puis il pouvait se passer vingt ou vingt-cinq minutes sans qu'il y ait un mot échangé. Quand cela durait, je jouais avec son chien Pager qu'il affectionnait tant et qu'il vouvoyait, ou je bouquinais les journaux. Il y avait une relation très chaleureuse dans ce mode de vie très britannique, pas du tout latin[33]. »

Même s'il apprécie tant la solitude, Georges Bemberg ne vit pas en solitaire. Il se rend une ou deux fois par semaine rue de Bellechasse chez son frère Édouard, que toute la famille appelle Teddy. De même, il lui arrive de

33. Entretien avec Philippe Cros, le 4 avril 2022.

recevoir chez lui. À l'occasion de l'un de ses anniversaires, après un concert au Louvre, il reçoit ses amis proches rue du Dragon. Le buffet commandé est raffiné et généreux, et comme toujours il s'inquiète auprès de chacun, avec une grande amabilité, de savoir si tout va bien. De même, au quotidien, Antonio et Flora, à son service depuis l'acquisition de la rue du Dragon, sont aux petits soins pour lui. Antonio est son chauffeur attitré et bricole si nécessaire, de manière quelque peu fantaisiste, un pied de chaise ou toute autre chose en panne. Flora cuisine et entretient l'hôtel. Georges Bemberg, qui parle avec eux en espagnol, est si attaché à ce couple qu'il se soucie de leur avenir. Il va jusqu'à visiter des appartements dans le quartier pour qu'il puisse faire face à sa disparition. En réalité, il leur fera un don très généreux à même de satisfaire leur désir de retour en Espagne. La rue du Dragon est devenue au fil des ans ce qui lui tient lieu de foyer. Antonio est devenu le parrain du fils du concierge qui s'occupe de la cour de l'hôtel. Georges Bemberg est entouré d'une affection qui pour être discrète, à sa propre manière, est d'un grand réconfort.

La fin d'une vie

Jusque quelques mois avant qu'il ne soit atteint d'un cancer, Georges Bemberg demeure actif et poursuit ses déplacements habituels. Ce n'est que peu de temps avant son décès qu'il en informe son entourage. On ne saurait dire si lui-même l'a appris très tardivement ou s'il a préféré garder le silence aussi longtemps que possible. Georges Bemberg, tout au long de sa vie, a nourri une réflexion sur la mort et sur ce que pourrait être la sienne, de telle sorte qu'il n'éprouve guère d'appréhension à son approche. En de nombreux points de son journal, il livre ses réflexions à ce sujet, à l'occasion notamment du décès de l'un ou l'autre de ses proches. Ses convictions religieuses ont considérablement évolué, du catholicisme argentin que sa mère s'était efforcée de lui inculquer il se démarque très vite, se sentant plus proche du protestantisme, et d'ailleurs bien davantage en terme culturel qu'en terme religieux. Il lit avec circonspection Saint-Cyran[34] qui a été si proche de Jansen, mais là encore la dimension éthique l'intéresse davantage que la dimension religieuse, tant il demeure convaincu que ce sont « les religions qui s'avèrent l'engin déterminant des massacres[35] ».

Avec son ami écrivain Pierre Lebar, il disserte d'ailleurs longuement sur le déclin de la religion chez les Occidentaux : « À mesure qu'augmente l'espérance de vie, l'âme devient plus chimérique. L'inquiétude métaphysique est périmée, voire puérile. Spéculer sur un état qui a des chances d'être le produit d'une peine imaginaire se fait aux dépens des années qu'il nous est donné à vivre. Ils vont jusqu'à se désintéresser de ce qui nous attend après la mort. Un au-delà séraphique leur paraît dérisoire auprès

34. Il s'agit de Jean-Ambroise Duvergier de Hauranne (1581-1643), abbé de Saint-Cyran, prêtre catholique et théologien qui a répandu le jansénisme en France.

35. Georges Bemberg, *Journal atlantique*, *op. cit.*, p. 123.

des joies plus probables qu'ils peuvent connaître de leur vivant[36]. » Et de fait, Georges Bemberg, en lisant *Leçons et Conversations sur l'esthétique, la psychologie et la croyance religieuse* de Ludwig Wittgenstein ou *Le Pari* de Pascal, demeure fort sceptique même si « les deux penseurs se dispensent du fatras préraphaélite qui apparaît toutes les fois qu'on rêve au paradis[37] ». Il est lui-même plus enclin à concevoir, comme l'y incite la lecture de Peter Kramer, « que nous ne sommes ni des animaux ni des organismes mais bel et bien des composés biologiques qui changent invariablement de formule[38] ». La biologie le convainc davantage que la conception d'une survie surnaturelle de l'humain. Quant aux modalités de la cérémonie religieuse, il semble qu'il ne s'en soit guère préoccupé. Seul le lieu de son inhumation est envisagé, ce sera le cimetière du Père-Lachaise, qu'il a visité incidemment quelques années auparavant : « Me trouvant à proximité du Père-Lachaise, je vais visiter le caveau de famille qui m'a paru un peu sale et abandonné à côté des caveaux voisins. Certains, proprets, fleuris, semblent habités, d'autres en revanche à l'abandon ; le nôtre en particulier. Il y a cinquante ans, il n'avait pas encore cet air délaissé, puisqu'on l'avait apprêté pour recevoir la dépouille de l'un de mes oncles. Depuis lors, parents, oncles et cousins inhumés hors de France, la dalle n'a pas été soulevée ; d'où cette décrépitude. Un caveau

36. *Ibid.*, p. 80.
37. *Ibid.*, p. 145.
38. *Ibid.*, p. 115.

a besoin d'occupants pour se dépoussiérer [...] sans pour autant espérer le fétichisme des visites, car c'est à l'écart des restes que l'on est le plus apte à les remémorer[39]. »

Georges Bemberg a su anticiper la fin de sa vie. Il s'est préoccupé en effet du devenir de ses biens après son décès. Il avait convenu avec Christian Baillet et Fabrice Goguel, bien avant ses toutes dernières années, du principe d'un legs à la Fondation d'une très grande partie de sa fortune privée, financière et immobilière, prévoyant d'en laisser une minorité à ses neveux et nièces, peu nombreux et eux-mêmes déjà bien pourvus[40]. De même, il avait demandé à Christian Baillet et à Antonio d'être ses tuteurs testamentaires. Il leur revint ainsi la tâche douloureuse de détruire tous les documents qu'il leur avait désignés, les jugeant sans doute trop intimes et parmi lesquels se trouvaient très probablement bon nombre de ses correspondances et essais non publiés. Il revint à Philippe Cros d'opérer le tri des objets et meubles restitués après la vente de l'appartement de New York, de même que le contenu de l'appartement parisien. Souvenir fort douloureux pour lui aussi que de devoir en si peu de temps sélectionner ce qui avait suffisamment de valeur artistique pour rejoindre la collection de la Fondation et ce qui était destiné à des ventes aux enchères.

Après quelques semaines d'hospitalisation, Georges Bemberg est décédé chez lui le 17 juillet 2011 à l'âge de

39. *Ibid.*, p. 132.

40. Qu'il s'agisse de la dotation lors de la création de la Fondation ou de ce legs au moment de son décès, il est tout à l'honneur de la famille Bemberg de n'avoir jamais exprimé une quelconque désapprobation.

96 ans. Deux jours auparavant, Christian Baillet s'était rendu à son chevet. Il se souvient l'avoir trouvé paisible, autant qu'il est possible d'en juger dans un tel contexte. Antonio et Clara sont demeurés à ses côtés jusqu'à la fin.

Les obsèques se sont tenues le 20 juillet dans l'une des chapelles de l'église Saint-Sulpice dans laquelle il était venu si souvent écouter les orgues et se recueillir. La cérémonie, en tout petit comité, fut simple. Entrecoupée par la lecture de psaumes et d'extraits de l'Évangile, elle fut dédiée à la musique : en entrée, le *Prélude en* ut *mineur* de J.-S. Bach, suivi d'un canon pour orgue de Nadia Boulanger et de *Pie Jesu* de Gabriel Fauré. Étaient présents ceux qui l'ont entouré dans la réalisation de son projet magistral – la Fondation Bemberg : Christian Baillet, Fabrice Goguel, Philippe Cros, Dominique Baumgartner... et parmi les membres de sa famille son neveu Jean de Yturbe, qui était demeuré très proche de lui, et tous ceux et celles qui, malgré l'éloignement, ont pu se déplacer. L'inhumation eut lieu le même jour dans le tombeau où reposent son arrière-grand-père Otto Peter Friedrich Bemberg, consul de la République argentine, chevalier de la Légion d'honneur, et son épouse María Luisa Ocampo, les fondateurs de la famille Bemberg en Argentine, ainsi que d'autres membres de sa famille. Ce tombeau assez austère dont l'abandon depuis de nombreuses années n'avait en rien déplu à Georges Bemberg, lui garantissant, en quelque sorte, la tranquillité des années à venir.

La Fondation Bemberg de 2011 à 2021

Après le décès de Georges Bemberg, l'un de ses cousins éloignés, Guillermo de Osma, devient le président de la Fondation. Celle-ci s'enrichit d'objets personnels du mécène, favorisant ainsi une nouvelle proximité avec son public. En revanche, il faut mettre en vente de multiples objets d'art et de meubles de la rue du Dragon que le musée ne peut pas accueillir. La vente a lieu chez Artcurial à Paris en 2012 sous l'autorité d'Isabelle Bresset, commissaire-priseur. Celle-ci est quelque peu émue en présence de certains objets qu'elle a précédemment découverts lors de ventes antérieures – un heurtoir de porte en bronze, un miroir italien du XVIIe siècle, une paire de flambeaux d'époque Louis XVI que Georges Bemberg avait acquis chez Christie's en 2000 lors de la dispersion de la collection Lagerfeld, ou encore un panneau de tapisserie de Beauvais d'après François Boucher (vers 1746-1762) qu'elle se souvient avoir vu acheté par Georges Bemberg à Londres, chez Christie's, où elle travaillait alors. Les objets qui constituaient son cadre de vie sont ainsi dispersés pour nouer un nouveau dialogue avec d'autres collectionneurs.

La Fondation, après la disparition de Georges Bemberg, ne s'endort pas. Elle cherche à s'ouvrir encore davantage à un public élargi, d'une part par la mise en place d'une action pédagogique encore plus intense avec l'accueil de milliers d'élèves, d'autre part en renouant avec les expositions temporaires. En 2015, alors que la Fondation a fêté ses vingt ans d'existence, elle inaugure en juin une exposition sur « Les majoliques italiennes de la Renaissance ». Celle-ci présente quelque cent pièces de la prodigieuse collection qu'a constituée au début du XXe siècle Paul Gillet (1874-1971), industriel lyonnais. La majolique est le nom attribué à la faïence italienne de la Renaissance, resplendissante de couleurs, ornée de décors miniatures sur les thèmes de la mythologie, de l'histoire, ou de fables et allégories. Inspirée très souvent par l'Antiquité, la majolique témoigne de la richesse créatrice de la Renaissance et s'harmonise fort bien avec le contexte et le lieu de la Fondation Bemberg.

Lorsqu'en 2016 Guillermo de Osma se retire de la Fondation, certains membres du conseil pensent à un haut personnage du monde de l'art, depuis peu de temps à la retraite, Alfred Pacquement, qui a dirigé de 2000 à 2013 le musée d'Art moderne au Centre Pompidou et accepte volontiers de reprendre la présidence de la Fondation. Le renouveau auquel celle-ci s'était attachée va être décuplé. Le nouveau président souhaite en effet renforcer la politique d'acquisition en s'entourant désormais d'un comité scientifique constitué de professionnels de haut niveau : Christophe Leribault, directeur des musées d'Orsay et de l'Orangerie, Olivia Voisin, directrice des musées d'Orléans, Olivier Gabet, ancien directeur du musée des Arts décoratifs, désormais directeur du département des Objets d'art du Louvre, et Axel Hémery, directeur du musée des Augustins à Toulouse jusqu'à son départ pour Sienne en 2022. En étroite concertation avec le conseil d'administration, et tout particulièrement avec Alfred Pacquement, le rôle majeur de ce groupe d'experts est de signaler des opportunités, d'évaluer la qualité des œuvres, leur intérêt pour la collection et leur positionnement sur le marché de l'art, etc. L'objectif n'est pas d'acheter beaucoup – à peu près une œuvre par an –, mais d'acquérir des toiles exceptionnelles.

Le renouveau des expositions temporaires

Alfred Pacquement souhaite également poursuivre le principe des expositions temporaires avec des moyens accrus. La Fondation veut se donner une politique d'expositions consacrées aux collections privées, significatives des affinités de ceux et celles qui les ont constituées. Entre 2016 et 2019, cinq expositions importantes auront lieu. Seront présentés notamment en 2017, à l'occasion de l'exposition « De Poussin à Cézanne », les chefs-d'œuvre du dessin français de la collection de Louis-Antoine Prat.

Ces dessins fort appréciés sont signés de grands peintres – Delacroix, Poussin, Seurat... – mais aussi de remarquables personnalités littéraires telles que Victor Hugo ou Baudelaire. Cent dix chefs-d'œuvre qui couvrent les XVIIe, XVIIIe et XIXe siècles et qui sont révélateurs du talent de leur collectionneur, ainsi qu'en témoigne son attachement aux œuvres d'exception : « Dans ma jeunesse, j'ai fait l'erreur d'accumuler, aujourd'hui je choisis[1]. »

Si l'exposition « Même pas peur », présentée en 2018, mérite d'être mentionnée du fait de l'originalité de la collection des vanités de la baronne Henri de Rothschild, la toute dernière en date mérite encore davantage que l'on s'y attarde. Présentée du 26 juin au 1er novembre 2020, autrement dit juste avant que ne soit entamée la longue période de rénovation, cette ultime exposition avant les travaux, intitulée « De l'autre côté du rêve », brille d'un éclat tout particulier. Elle met en perspective la collection de la Fondation des Treilles, constituée tout au long de sa vie par une personnalité exceptionnelle, Anne Gruner Schlumberger (1905-1993), dont la famille a créé l'entreprise multinationale Schlumberger LTD[2]. Élevée dans un milieu intellectuel tout autant artistique que scientifique, la jeune femme s'attache très tôt aux formes les plus diversifiées de l'art. La collection qu'elle constitue progressivement surprend par son étonnant éclectisme qui témoigne de

1. fondation-bemberg.fr

2. Entreprise française multinationale de services et équipements pétroliers, fondée en 1926 par les oncles d'Anne Gruner Schlumberger.

l'étendue de ses affinités tout à la fois littéraires, ethnographiques et artistiques. Personnalité peu conforme, Anne Gruner Schlumberger s'attache à découvrir sans préjugé des univers esthétiques diamétralement différents : les arts populaires, africains, surréalistes… La collection de quelque mille objets inclut tout autant des peintures, des sculptures, des dessins, des gravures, des livres d'art mais aussi des meubles et des vêtements. Sculptures de la Méditerranée gréco-romaine et de l'Afrique, objets d'art et peintures du Moyen Âge au XIXe siècle, œuvres avant-gardistes… sont autant de modes artistiques auxquels Anne Gruner Schlumberger s'est attachée. L'exposition que lui consacre la Fondation s'est recentrée, quant à elle, sur ces grands artistes que sont Brauner, Arp, Max Ernst, Dubuffet, Klee, Giacometti, François-Xavier Lalanne, Henri Laurens, Picasso ou encore Takis.

Autant d'œuvres qui ont quitté pour un temps leur port d'attache dans le Var où Anne Gruner Schlumberger a créé la Fondation des Treilles, lieu ouvert où sont accueillis musiciens, scientifiques et artistes depuis 1964. Autant de rencontres qui font de ce lieu un foyer vivant de partages intellectuels et amicaux.

Les acquisitions récentes

Après le décès de Georges Bemberg, l'autre objectif majeur qui s'impose, comme il en était convenu du reste avec lui, est la poursuite des acquisitions, à laquelle

Alfred Pacquement et le nouveau conseil scientifique vont s'adonner. À ce titre, il serait regrettable de ne pas mentionner quelques-unes d'entre elles avant que ne s'achèvent ces pages sur la Fondation. Les unes et les autres ont été choisies au regard de l'ensemble de la collection existante – les époques et les thématiques privilégiées par Georges Bemberg. Parmi les acquisitions, plusieurs d'entre elles sont particulièrement estimables. Le tableau de Zurbarán (1598-1664) *L'Enfant Jésus à la couronne d'épines*[3] est venu compléter les collections anciennes, notamment celles du XVIIe siècle qu'appréciait tant Georges Bemberg. L'Enfant Jésus, en s'amusant à tresser des branches épineuses pour en faire une couronne, se pique le doigt d'où jaillit une goutte de sang. Francisco de Zurbarán exprime ici, de manière très touchante, l'épisode prémonitoire des souffrances à venir, celles de la passion et de la mort du Rédempteur. Ce thème a été repris dans de nombreux tableaux du peintre, où l'Enfant, dans une position identique, est représenté non pas à l'extérieur mais dans une pièce de la maison d'enfance de Jésus. Ces toiles sont alors intitulées *La Maison de Nazareth*. Le paysage à l'arrière-plan, baigné de clarté, est exemplaire du style de Zurbarán dans les années 1645-1650, temps de la maturité au cours duquel le peintre s'éloigne de celui du Caravage, beaucoup plus sombre et réaliste.

---

3. *Cf.* p. IV.

L'acquisition de la toile de Mattia Preti (1613-1699) *Saint Sébastien*[4] vient enrichir elle aussi les collections du XVIIe siècle. Cet artiste est né en Calabre et se forma auprès de son frère aîné à Rome, où l'influence du Caravage était dominante. Ses séjours à Venise au milieu des années 1640 lui permettent de découvrir les compositions de Titien et Véronèse et, à Bologne où il s'installe, celles des Carrache et du Guerchin. De retour à Rome, il travaille pour le pape Innocent X Pamphili. Ce tableau de dévotion tranche nettement avec les toiles de cette époque représentant saint Sébastien. Celui-ci tel que l'ont iconographié les peintres de la Renaissance, Mantegna ou Pérugin notamment, est habituellement figuré debout immobile contre le tronc de l'arbre auquel il est attaché. Ici, le saint que peint Mattia Preti est au contraire face à l'arbre et procure un sentiment de puissance et non de résignation. Malgré la souffrance des flèches qui lui criblent le dos, le visage baigné de lumière ne reflète aucune soumission. Saint Sébastien était très vénéré en tant que protecteur contre la peste. Il est aussi le patron de Taverna, la ville où est né l'artiste. Sans doute est-ce l'une des raisons pour lesquelles Mattia Preti en a réalisé de nombreuses variations.

Enfin ce serait regrettable de ne pas mentionner une dernière acquisition qui, sans être d'une valeur équivalente aux précédentes, mérite quelque attention, ne serait-ce que parce qu'elle est surprenante et charmante.

---

4. *Cf.* p. IV.

Une partie d'ânes[5] ne peut que retenir l'attention d'enfants et adultes tant les personnages qu'elle met en scène sont inattendus. Ce tableau signé Michel-Ange Houasse (1680-1730), un peintre français baroque, a été découvert lors du salon Fine Arts et acquis ensuite auprès de la galerie parisienne Talabardon et Gautier. La scène est assez cocasse et remplie d'anecdotes : juchés sur leur bête de somme, les membres de ce groupe sont occupés à priser et à boire. L'un d'entre eux est même à califourchon à l'envers de son cheval[6].

Une nouvelle tranche de travaux de rénovation

En 2020, une préoccupation centrale se fait présente auprès du conseil d'administration. Si la Fondation a réalisé une première extension et une rénovation de ses espaces en 2011 avec la création d'une salle de conférences, désormais, après quelque vingt-cinq ans d'activité, le musée nécessite à nouveau d'ambitieux travaux de rénovation qui ont débuté à la fin de l'année 2021. Ce projet, placé sous la direction de l'architecte Philippe Pumain qui a assuré à Paris la rénovation du théâtre du Châtelet, est mûri par une réflexion approfondie sur le parcours, les agencements muséographiques, le système d'éclairage, ainsi que les dispositifs de médiation associés. La fin des travaux prévue pour 2023 s'accompagne de la nomination

5. *Cf.* p. V.
6. Philippe Cros, propos recueillis par Silvana Grasso, ladepeche.fr

d'une nouvelle directrice, Ana Debenedetti, historienne de l'art spécialisée dans la Renaissance. Celle-ci a passé treize ans au Victoria and Albert Museum, où elle s'est distinguée par la mise en œuvre d'expositions majeures, a participé à la création de galeries d'exposition permanente et a dirigé la rénovation de la salle des Cartons de Raphaël. À l'automne 2021, elle assure le commissariat de l'exposition « Botticelli, artiste et designer » au musée Jacquemart-André, qui a remporté un succès considérable. Pour avoir été directrice Culture et Expositions à Culturespaces à Paris, Ana Debenedetti est fortement sensibilisée à la nécessité des échanges internationaux, tant dans le domaine de la conservation que dans celui des expositions. Cette phase de réaménagement sur plus de deux ans s'ouvre ainsi sur l'ambition pour la Fondation de se doter d'un nouvel élan.

Conclusion

« "Viens humer mon secret", glisse un jasmin
tout neuf, coincé dans son bouquet. Il a des pétales
froids qui jaunissent au toucher. Son odeur entraîne
bien au-delà de ce que je croyais n'être qu'un souvenir ;
elle remonte à une enfance si intime que je serre
le bouquet jusqu'au sang, car ce jasmin a des épines[1]. »

Les mots auxquels ont eu recours ceux et celles qui ont évoqué, à l'occasion de cet ouvrage, la mémoire de Georges Bemberg appartiennent tous à un même registre sémantique : celui de la réserve, de la discrétion, de la courtoisie... Il s'agit bien en effet d'un personnage secret, se gardant bien d'attirer l'attention sur lui et préférant aux mondanités les cercles amicaux. Tenter de placer Georges Bemberg sur le devant de la scène peut ainsi apparaître insolite et à la frontière de la légitimité tant il refusait toute publicité à son encontre. Cet essai néanmoins s'est donné pour objectif de répondre à la question « Mais qui était donc Georges Bemberg ? » que ne peuvent que se poser ceux et celles qui découvrent la collection d'objets d'art qui fut acquise par un certain monsieur argentin fortuné.

---

1. Georges Bemberg, *Mal du Sud*, *op. cit.*, p. 78.

Bien des réponses peuvent être apportées... Les plus évidentes d'entre elles relèvent d'un registre objectif, celui qui ressort des faits historiques : un lieu et une date de naissance, une appartenance familiale, des lieux de résidence, et ici en l'occurrence la création de la Fondation Bemberg de notoriété publique. Autant de faits objectifs qui relèvent d'actes administratifs, juridiques et médiatiques accessibles à quiconque s'en préoccupe. Mais au-delà se disperse l'immensité de la dimension subjective, celle d'un parcours de vie et du sens que lui a donné celui qui l'a vécue. C'est en ce domaine qu'interviennent généralement les témoignages des proches, plus ou moins prolixes... Cette manne est ici plus restreinte : d'une part Georges Bemberg ne se livrait guère, d'autre part ceux qui ont entretenu des liens avec lui au-delà des simples formalités d'usage ne sont plus très nombreux du fait du grand âge qui était le sien lorsqu'il nous a quitté. Que reste-t-il dès lors pour faire revivre la mémoire d'un monsieur qui, au demeurant, s'y serait refusé ? Heureusement deux corpus essentiels sont encore bien présents. Ce sont ceux qu'il a légués de lui-même, d'une part cette collection qu'il a constituée pendant tant d'années, d'autre part ses écrits, restreints à ceux qu'il a accepté de publier et pour certains rééditer.

En ce qui concerne la collection, c'est accepter dès lors l'idée qu'elle est à même de lui *ressembler*. De même que Georges Bemberg notait que l'on finit par ressembler à ce que l'on consomme, les hamburgers des Américains notamment, on peut supposer que l'analogie, aussi triviale soit-elle, a également une part de vérité pour les objets dont on « consomme » la beauté. C'est le pari qui a été fait ici en cherchant dans le regard de Georges Bemberg les affinités qu'il a pu nourrir avec ses « trésors » : les portraits dont il s'est entouré, réalisés par de grands peintres, de même le bonheur que lui apportaient l'animation et l'harmonie des *vedute* d'une Venise tant aimée, ou encore l'émotion que lui procurait le chatoiement des toiles d'un Bonnard, ce peintre à la fois si chaleureux mais aussi si solitaire, en qui se projetait sans doute avec modestie le collectionneur. Dans ce domaine de l'esthétique au sens premier du terme – *aesthesis* (le « ressenti ») –, tout demeure cependant de l'ordre de la supposition : quel était au juste le lien intime qu'entretenait Georges Bemberg avec ces toiles ? Essayer d'établir une correspondance entre la personnalité d'un collectionneur et les œuvres d'art dont il aime s'entourer est sans doute audacieux, mais ici un peu moins hasardeux grâce aux témoignages de Philippe Cros avec qui il aimait tant échanger.

En ce qui concerne les écrits – essais, nouvelles, pièces de théâtre –, sans doute est-ce là que l'on est le plus à même de percer quelques-uns des traits de la personnalité de leur auteur. Les essais qui disent les émotions de l'enfance, les émerveillements devant l'étendue et le mouvement des eaux du rio Grande, le remords éprouvé devant l'oiseau blessé ou plus tard l'ivresse de la liberté ressentie dans le froid new-yorkais, donnent un aperçu des émotions ressenties par l'auteur, même après la reconstruction qu'en fait la mémoire. Le journal de Georges Bemberg est à ce titre une mine précieuse, même s'il s'interroge à ce sujet. À propos de cet « amas de notes[2] » rassemblant des propos annotés pendant quarante ans, il se demande « s'il lui ressemble [3] ». Il en doute mais il est sûr qu'il ne le serait pas davantage si c'était un vrai journal. « La sincérité n'a rien à voir avec la ressemblance, à plus forte raison lorsqu'on est doté de plusieurs personnalités[4]. » De sa sincérité on ne saurait douter, quant aux multiples facettes de sa personnalité on ne saurait s'en étonner. Tout être singulier n'est-il pas toujours pluriel ?

Chez Georges Bemberg, ce trait est sans doute plus accentué, ne serait-ce que parce qu'il a vécu sur divers continents et dans différentes cultures sans jamais pouvoir en gommer l'une ou l'autre. On peut à ce titre noter quelque ressemblance avec un auteur qui l'a précédé d'un demi-siècle – Henry James – même si leur parcours est inversé. Né à New York en 1843 au sein d'une famille très fortunée qui l'éduque dans le culte de la civilisation européenne, Henry James partage son temps entre Paris et New York, à l'abri des servitudes quotidiennes. Son œuvre littéraire témoigne de la confrontation des cultures d'une Europe raffinée et d'une Amérique plus fruste mais infiniment plus libre. Quant à Georges Bemberg, les écarts culturels auxquels il s'est confronté sont encore plus marquants. Si l'Europe

2. Georges Bemberg, *Journal atlantique*, *op. cit.*, p. 52.

3. *Ibid.*

4. *Ibid.*

est l'Ancien Monde et les États-Unis celui de l'avenir, l'Argentine, quant à elle, cherche à imiter l'Europe, une Europe fantasmée, et c'est ce simulacre que Georges Bemberg a du mal à accepter à travers les traits d'une bourgeoisie catholique qui l'effrayait. Il suffit pourtant de lire « Fils du pays » et peut-être encore davantage *Le Retour au pays* pour prendre la mesure de son attachement si profond à son pays natal. Écartelé, il l'a été sans que jamais il ne puisse renoncer à cette géographie tripolaire. Si Henry James finit ses jours en citoyen britannique, Georges Bemberg ne renoncera jamais à sa nationalité argentine : « Si j'étais libre de choisir une nationalité, je m'abstiendrais[5] », dit-il. Un choix impossible avec lequel il faut composer toute une vie. Né *Jorge* Bemberg, surnommé par tous ses proches *Ñato,* ce diminutif avec lequel il signe certaines de ses correspondances, c'est *Georges* Bemberg qu'il devient en créant la fondation qui porte son nom. Alors même que l'on sait toute l'importance qu'exerce le nom dans la construction d'une identité, on peut s'attendre à déceler quelques tiraillements dans la personnalité de ce personnage qui se veut si effacé et qui pourtant saura poursuivre la voie qu'il se donne. Celle-ci n'est pas toute tracée, elle naît sans cesse du refus d'un certain conformisme : son refus de s'impliquer dans les « affaires » familiales (la gestion des biens financiers et immobiliers) auquel il n'entend rien, ses choix du célibat et des lieux qu'il habite... Pour cet homme que l'on dit si réservé, au-delà de ses « atermoiements », qu'il déplore et

5. *Ibid.*, p. 55.

attribue ironiquement à son signe astrologique (la Balance), les choix de vie témoignent en réalité d'une volonté d'être conforme non plus aux seules bienséances, mais à ce à quoi il aspire en profondeur : une éthique (une certaine rigueur), une esthétique (une poïétique) et l'acceptation d'une sorte d'ironie de la vie. La fortune familiale lui a permis un certain dilettantisme qu'il met à profit dans ses lectures, ses flâneries, son goût pour la peinture et les beaux objets qu'il peut se permettre de s'offrir. Mais cette liberté, c'est aussi le temps de la réflexion, les échanges intellectuels et amicaux, qui lui ont appris à partager la « désillusion universelle ». Il a lu les philosophes et l'*Ecclésiaste*, et fait sienne cette conviction selon laquelle toute gloire est vaine, comme le sont l'autosatisfaction ou le goût du paraître. Il n'a d'attrait ni pour la compétition ni pour l'engagement militant. Ce qui lui importe, c'est de trouver sa juste place. Il ne tient pas de discours en ce sens mais ses mots écrits laissent entrevoir la modestie et la poésie qui ont gouverné son existence. Ce sont les traces ténues et précieuses des facettes de la personnalité de Georges Bemberg, ces « presque rien », qui font de lui une personnalité si attachante. Au regard d'une histoire de l'art, le legs de Georges Bemberg a une portée tout autre, celle de permettre chaque année à des milliers de visiteurs de découvrir et de se familiariser avec des œuvres qui contribueront à leur enrichissement culturel et leur donneront peut-être envie de savoir qui était ce monsieur Georges Bemberg.

Postface

En 1995 ouvrait au sein de l'hôtel d'Assézat le musée de la Fondation Bemberg, dont la vocation est de conserver et de présenter la collection d'art de M. Georges Bemberg. La Fondation offre ainsi aux visiteurs un remarquable ensemble de peintures et sculptures, objets d'art et mobilier allant de la Renaissance à la Seconde Guerre mondiale, image vivante du goût d'un grand collectionneur du XXe siècle. Véritable amateur éclairé, Georges Bemberg n'a eu d'autres guides que sa propre émotion esthétique, qui le porta tant vers l'art ancien que vers les avant-gardes des XIXe et premier XXe siècles.

La collection de la Fondation Bemberg se distingue par cet équilibre au sein d'un ensemble particulièrement riche et varié, d'où émergent de grandes lignes de prédilection : l'art de la Renaissance, avec un attrait particulier pour Venise et les objets emblématiques de cette période (bronzes, émaux et majoliques), et un remarquable groupe de tableaux de Lucas Cranach l'Ancien, que viennent compléter les œuvres des grands artistes des XVIIe et XVIIIe siècles, Francisco de Zurbarán, Luca Giordano, Antoon Van Dyck, Elisabeth Vigée-Lebrun, François Boucher, pour n'en citer que quelques-uns. Les peintres d'avant-garde des XIXe et XXe siècles sont également à l'honneur, en particulier par les têtes de file que sont entre autres Claude Monet, Edgar Degas, Paul Gauguin, Georges Braque, Paul Signac et Édouard Vuillard, Henri Matisse, Egon Schiele, Auguste Rodin, Aristide Maillol et Pablo Picasso. Mais la passion pour l'art moderne est surtout incarnée par la peinture de Pierre Bonnard, dont George Bemberg a rassemblé plus de trente toiles, faisant de ce groupe le plus important ensemble après ceux du musée d'Orsay et du musée qui lui est dédié au Cannet. Loin de demeurer figée, la collection de la Fondation continue de se développer, Georges Bemberg ayant laissé une grande liberté aux administrateurs qui lui succéderaient de l'enrichir de nouvelles acquisitions. Outre sa collection permanente, la Fondation Bemberg présente également des expositions temporaires annuelles.

Hors les murs, la Fondation Bemberg rayonne par les nombreux prêts qu'elle accorde aux musées en France et à l'étranger. À l'occasion de la dernière campagne de rénovation des espaces du musée débutée en 2021, les collections ont été présentées en Europe, en Asie et aux États-Unis, permettant ainsi à de nombreux visiteurs de découvrir ses trésors.

www.fondation-bemberg.fr

En images...

Georges Bemberg, © Gwendoline Bemberg.

Georges Bemberg, © Gwendoline Bemberg.

De gauche à droite : Otto Peter Friedrich Bemberg (1827-1895), Sofia Elena Bemberg Bengolea (inconnue), Georges Bemberg (1915-2011), Édouard Bemberg (1918-inconnue), Josefina Elena Bemberg (1920-2010), María Luisa (1922-1995), María Magdalena (1925-2009), © Marcos Belgrano, Geneanet.

Nadia Boulanger, 1958, archives du Centre international Nadia et Lili Boulanger, © Charles Leirens.

Caveau familial de la famille Bemberg, © Anne Sauvageot.

Bibliographie

- BALZAC Honoré de, *Le Cousin Pons*, Gallimard, 2022.
- BAROU Jean-Pierre, *Matisse ou le miracle de Collioure*, Payot, 2020.
- BEMBERG Georges, *L'Innocence américaine ou le Mythe d'Abel*, Sagittaire, 1948.
- BEMBERG Georges, *Fils du pays, suivi de Monsalvo et l'amateur de cartes, et de Mal du Sud*, Paul Morihen éd., 1948.
- BEMBERG Georges, *Tripletale*, pièce de théâtre *off-Broadway*, New York, 1979.
- BEMBERG Georges, *Knitters in the Sun*, pièce de théâtre *off-Broadway*, New York, 1980.
- BEMBERG Georges, *Quatre mains*, la Table ronde, 1953.
- BEMBERG Georges, *Journal atlantique. 1959-1999*, Éditions Italiques, 2010.
- BEMBERG Georges, *Ici, là-bas et ailleurs*, Société des écrivains, 2005.
- BEMBERG Georges, *Le Retour au Pays*, Société des écrivains, 2007.
- BONNARD Pierre, *Observations sur la peinture*, l'Atelier contemporain, 2019.
- BORGES Jorge Luis, *Histoire de l'infamie, histoire de l'éternité*, le Rocher, 1958.
- CAILLOIS Roger, OCAMPO Victoria, *Correspondance*, Stock, 1997.

- CROS Philippe, *Bronzes de la Renaissance italienne*, Somogy/Fondation Bemberg, 1996.
- CROS Philippe, *Peintures anciennes*, Somogy/Fondation Bemberg, 2000.
- CROS Philippe, *La Provence des peintres*, Citadelles & Mazenod, 2021.
- CROS Philippe, *Chefs-d'œuvre de la collection Bemberg*, catalogue de la Fondation de l'Hermitage en collaboration avec la Fondation Bemberg, Snoeck, 2021.
- DEBENEDETTI Ana (dir.), *Botticelli. Artiste & Designer*, Culturespaces, Fonds Mercator, 2021.
- DEBUSSY Claude, « Lettre au prince Poniatowski, février 1893 », *Correspondance*, Gallimard, 2005.
- DE WAAL Edmund, *Le Lièvre aux yeux d'ambre. Une collection mythique, un siècle d'histoire : splendeur et déclin de la famille Ephrussi*, Flammarion, 2015.
- FROMM Erich, *L'Art d'aimer*, Éditions universitaires, 1967.
- GASTON-BRETON Tristan, « Buenos Aires, au temps de la "fièvre argentine" », *Les Échos*, juillet 2013.
- GIDE André, *Paludes*, Gallimard, 1920.
- HASKELL Francis, *L'Amateur d'art*, le Livre de Poche, 1997.
- HAZIOT David, *Le Roman des Rouart (1850-2000)*, Fayard, 2012.
- MANET Julie, *Journal (1893-1899)*, Klinksieck, 1979.
- MARIN Louis, *Utopiques : jeux d'espaces*, Éditions de Minuit, 1973.
- NGOZI Adichie Chimamanda, *Americanah*, Gallimard, 2013.
- OCAMPO Victoria, *Le Rameau de Salzbourg*, Bartillat, 2008.

- Pastoureau Michel, *Noir. Histoire d'une couleur*, Seuil, 2008.
- Pastoureau Michel, *Vert. Histoire d'une couleur*, Seuil, 2013.
- Pastoureau Michel, *Rouge. Histoire d'une couleur*, Seuil, 2016.
- Quignard Pascal, *L'Amour la Mer*, Gallimard, 2022.
- Rhys Jean, *Voyage in the Dark*, Constable Press, 1934.
- Rouart Yves, avec la collaboration de Montalant Delphine et Clairet Alain, *Catalogue raisonné de l'œuvre peint de Berthe Morisot*, CÉRA-nrs, 1997.
- Saint-John Perse, « Pour fêter une enfance », *Éloges, La Nouvelle Revue française*, n° 30, 1911.
- Sauvageot Anne, *Voirs et savoirs. Esquisse d'une sociologie du regard*, PUF, 1994.
- Semenova Natalia, *Les frères Morozov, collectionneurs et mécènes*, Solin/Actes Sud, 2021.
- Terrasse Antoine, *Bonnard. « La couleur agit »*, Gallimard, 1999.
- Terrasse Michel, *Bonnard et Le Cannet*, Herscher, 1987.

Table des matières

Remerciements

Mes remerciements s'adressent tout particulièrement à Philippe Cros qui a tenté, du mieux possible, de me faire partager le souvenir de ses longues années passées aux côtés de Georges Bemberg.

Je remercie aussi très sincèrement Fabrice Goguel et Christian Baillet pour m'avoir fait le récit de la création de la Fondation Bemberg, de même que Jean de Yturbe et Ana Debenedetti pour l'attention et le soutien qu'ils ont d'emblée apporté à ce projet.

Un grand merci également à Dominique Baumgartner qui m'a accueillie si aimablement, relue et confié des documents intéressants, et à Gwendoline Bemberg pour ses magnifiques photographies inédites de Georges Bemberg.

Merci à Pascal Amphoux pour ses relectures et sa dextérité de magicien.

Crédits du cahier central

CRÉDITS PHOTOGRAPHIQUES

RMN : p. I, II, III, VI, VII, VIII, IX, X, XI, XII, XIII, XIV, XV, XVI.
Cabinet Turquin : p. IV (droite).
Abalarte, Madrid : p. IV (gauche).
Galerie Talabardon & Gautier, Paris/Guillaume Benoit : p. V.

MENTIONS PATRIMONIALES, DROITS D'AUTEUR OU TOUTE AUTRE OPTION

Fondation Bemberg : p. I, II, III, IV, V, VI, VII, VIII, IX, X, XI, XIV, XV.
Succession H. Matisse : p. XIII.
ADAGP : p. XII.
Succession Picasso 2023 : p. XVI.

www.editions-privat.com

@editionsprivat1839

@editions_privat

www.fondation-bemberg.fr

Cet ouvrage a été réalisé par les Éditions Privat.

Suivi éditorial : Laura Vergé.
Corrections : Anne Desmier.
Création graphique de la maquette intérieure : Pauline Roques.
Création graphique de la couverture : Emmanuel Atger.
Photogravure de la couverture
et du cahier photographique : Ombre et Lumière.
Suivi de fabrication : Isabelle Gaudon.

Cet ouvrage a été achevé d'imprimer en septembre 2023 sur les presses
de l'imprimerie SEPEC, à Péronnas (01). Imprimé en France.
25734230671

IMPRIM'VERT®

PEFC 10-31-1470 / Certifié PEFC / Ce produit est issu de forêts gérées durablement et de sources contrôlées. / pefc-france.org